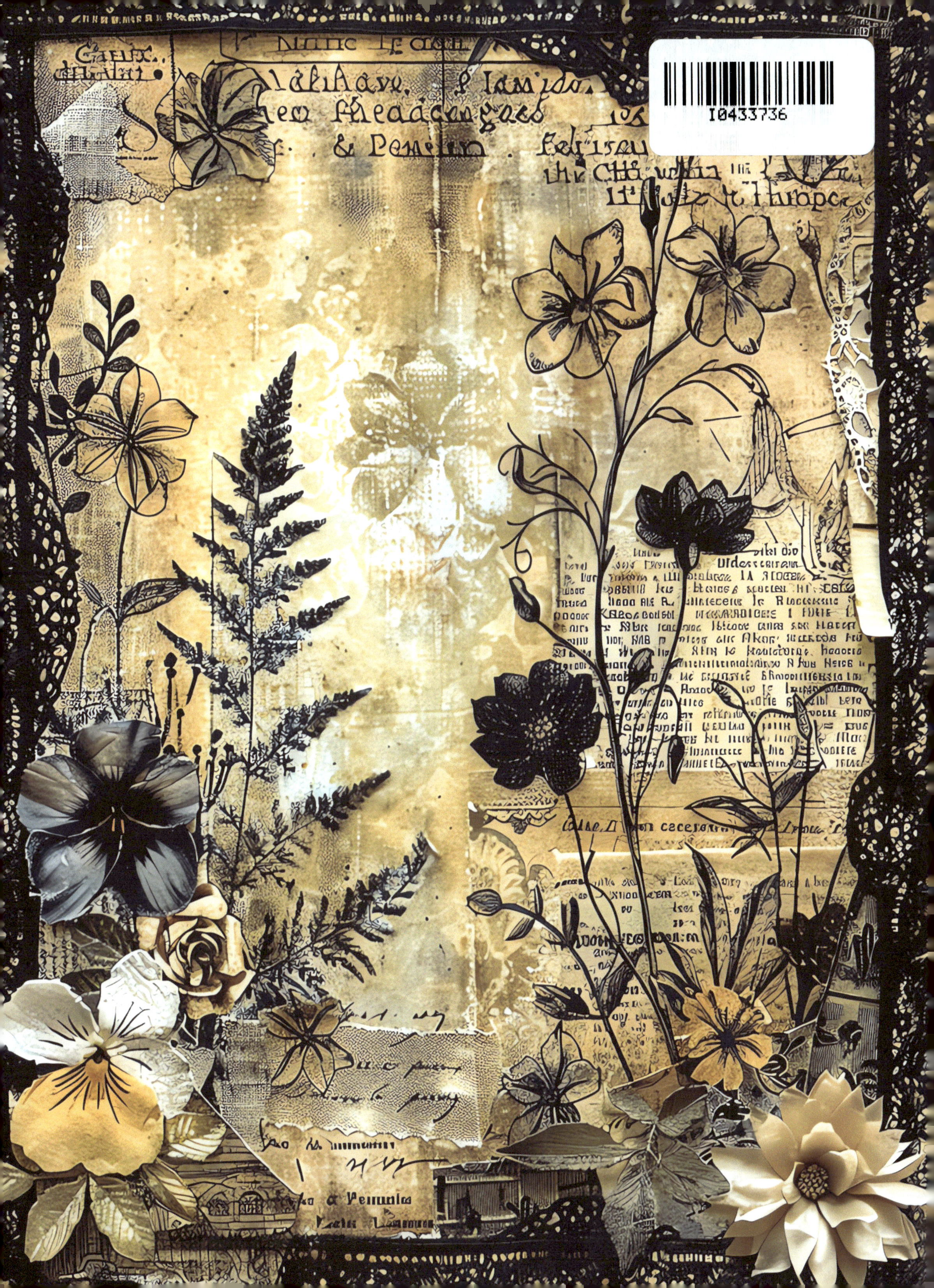

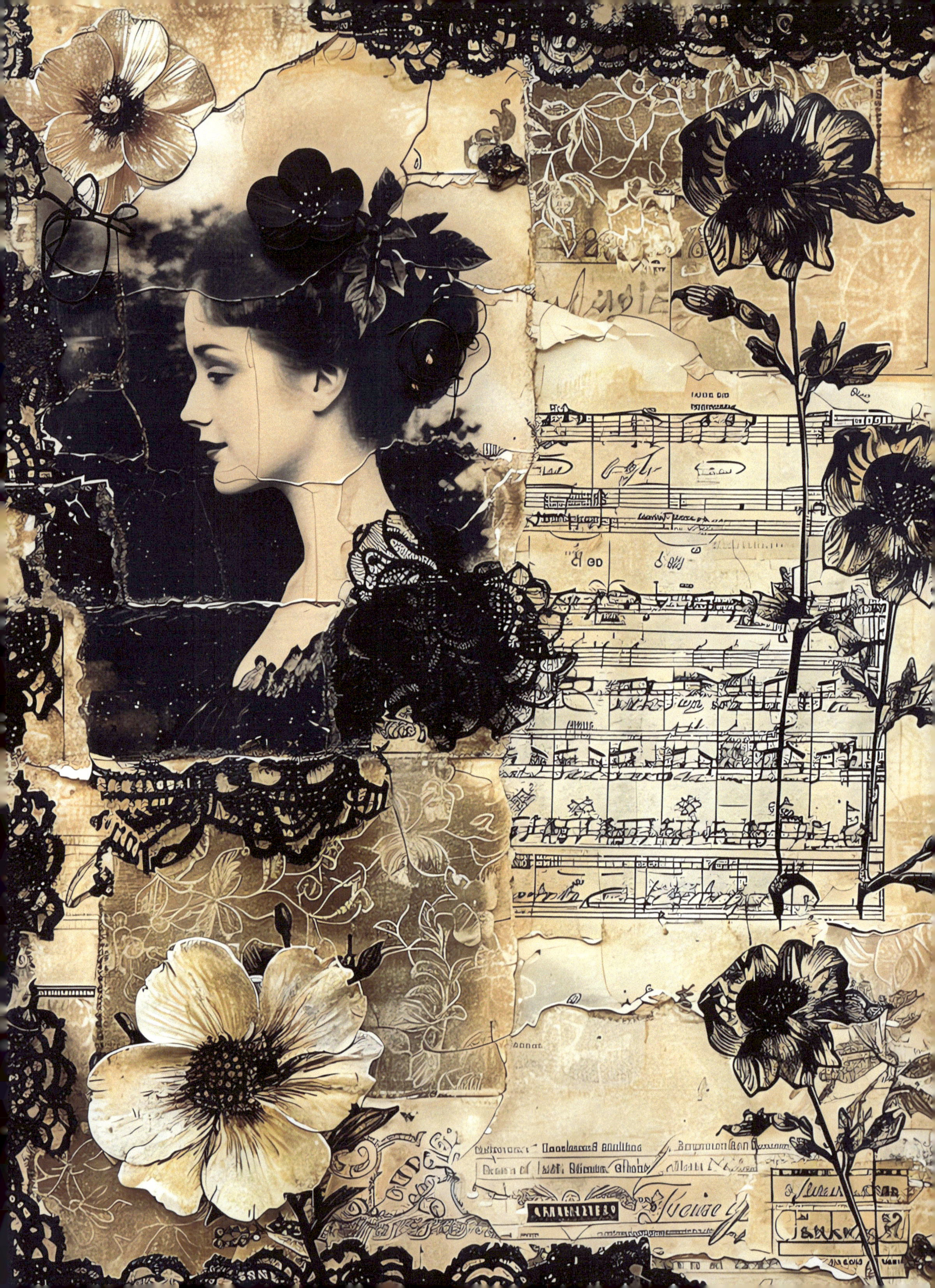

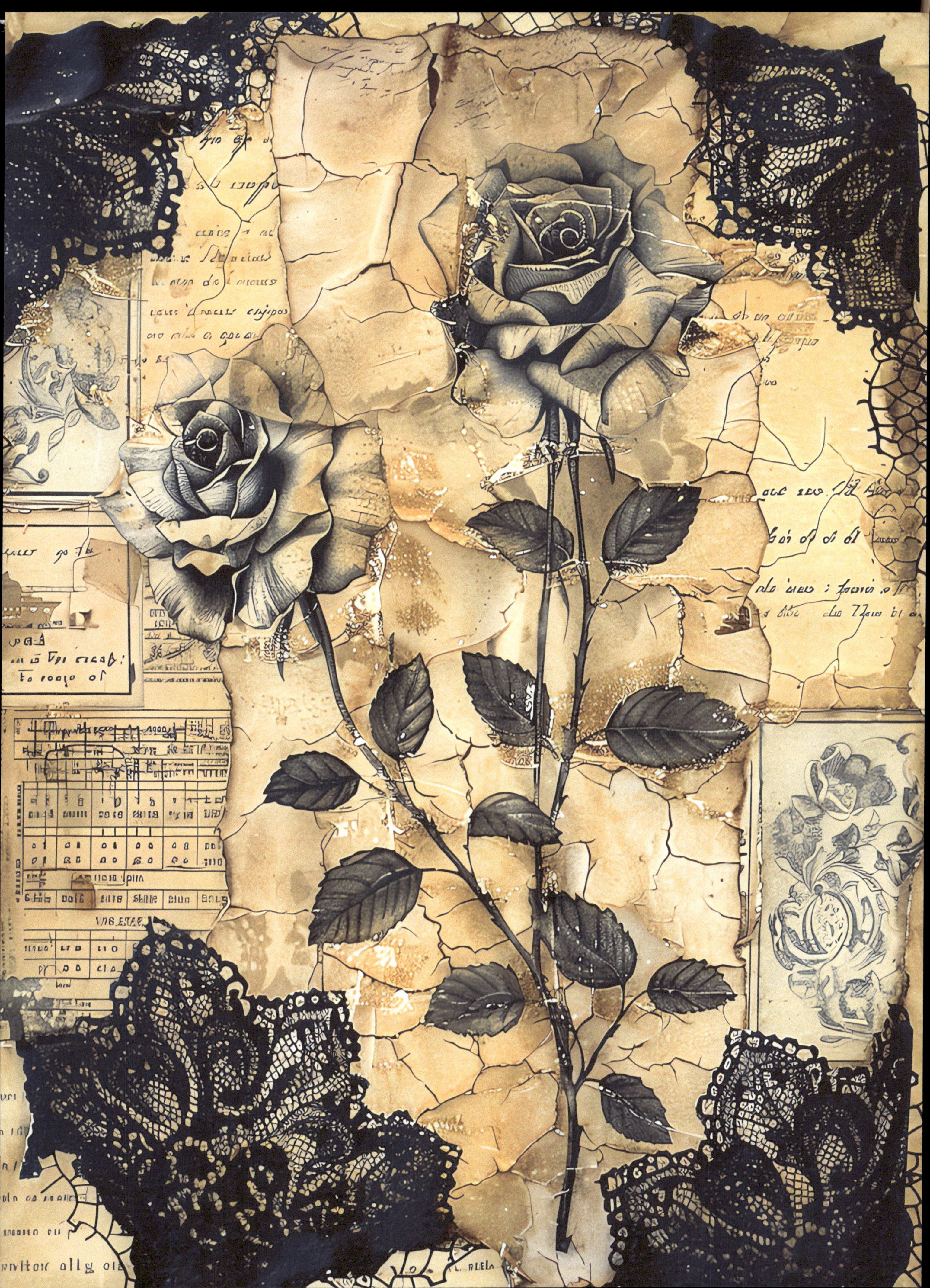

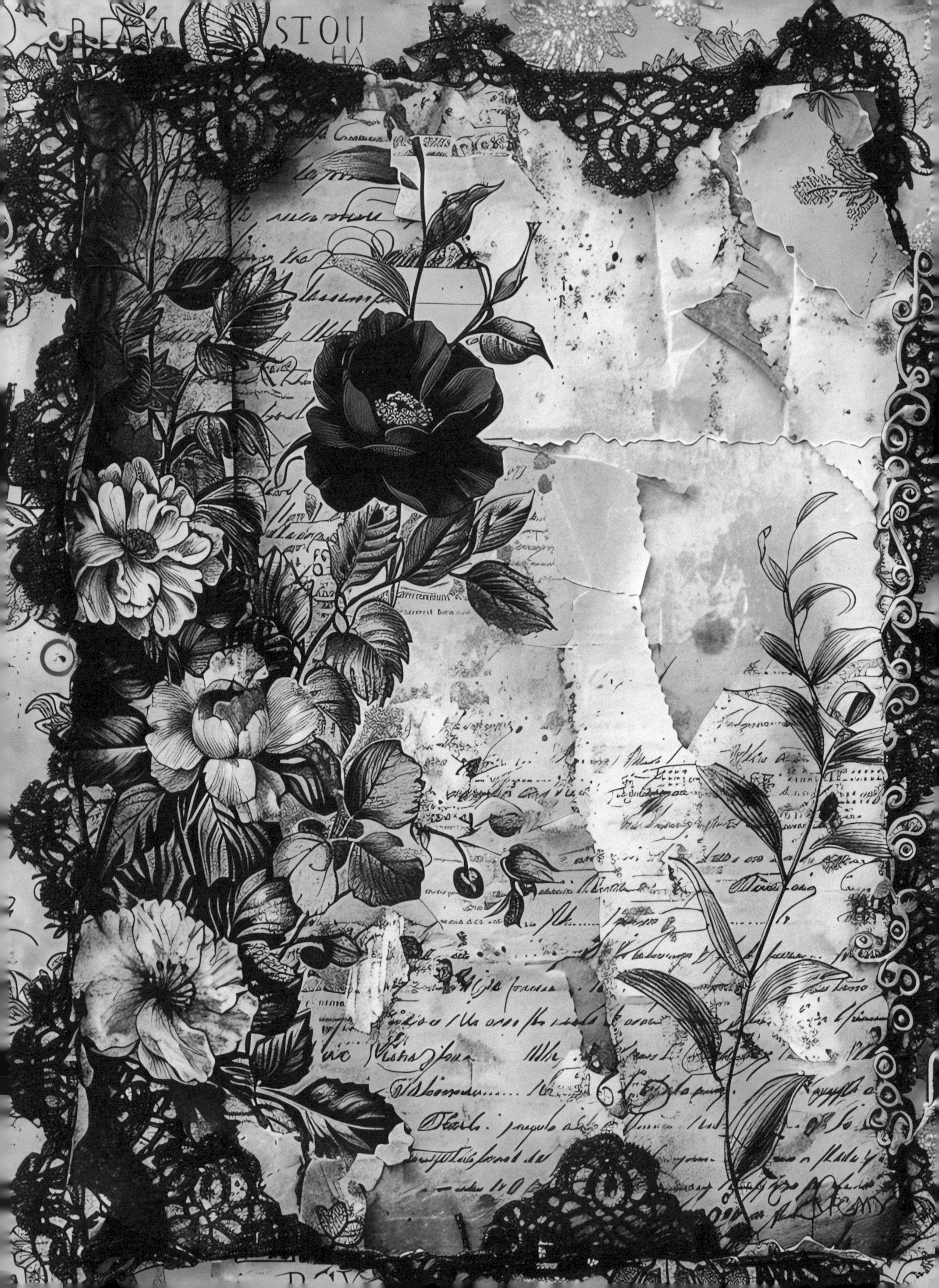

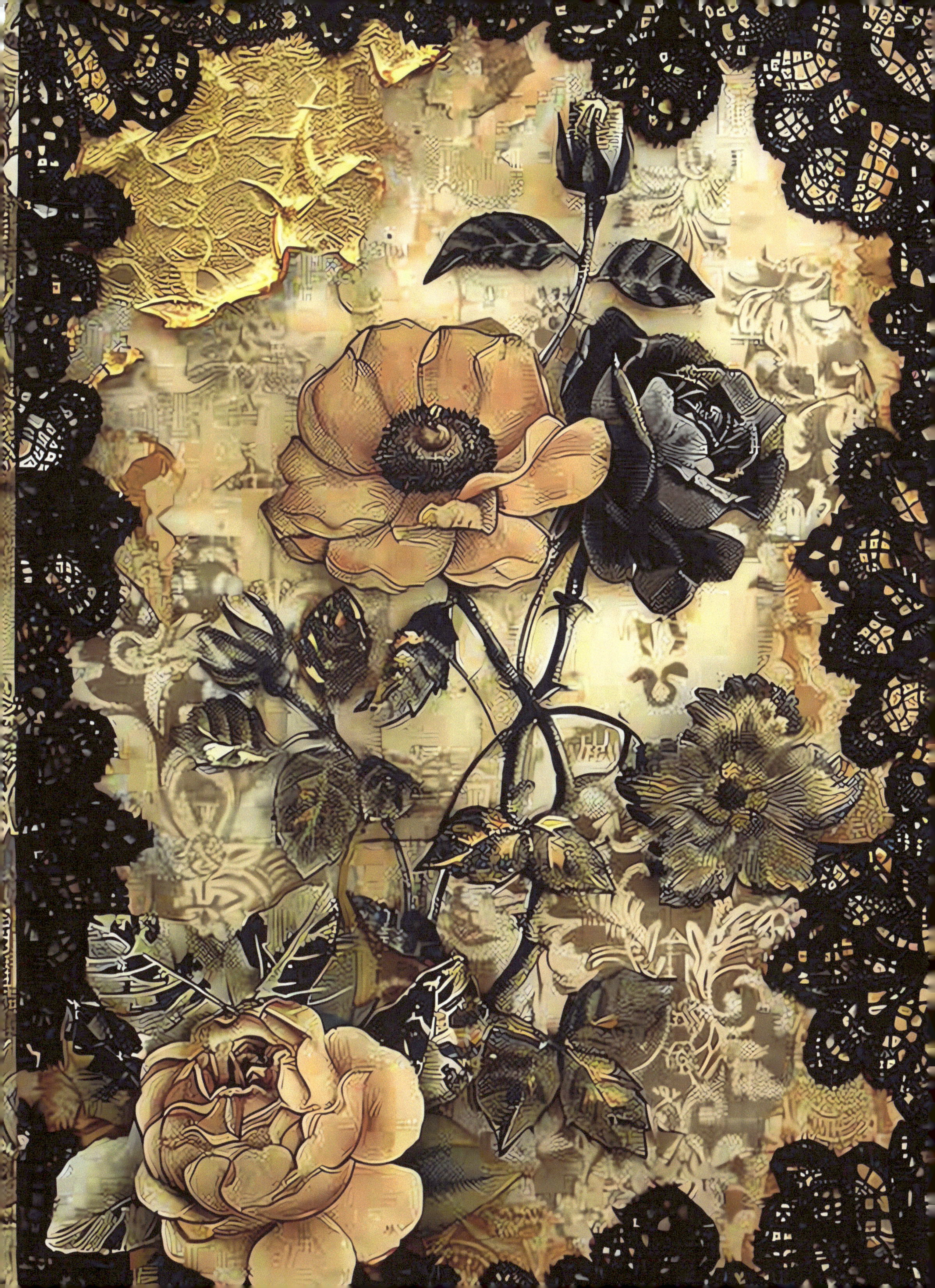

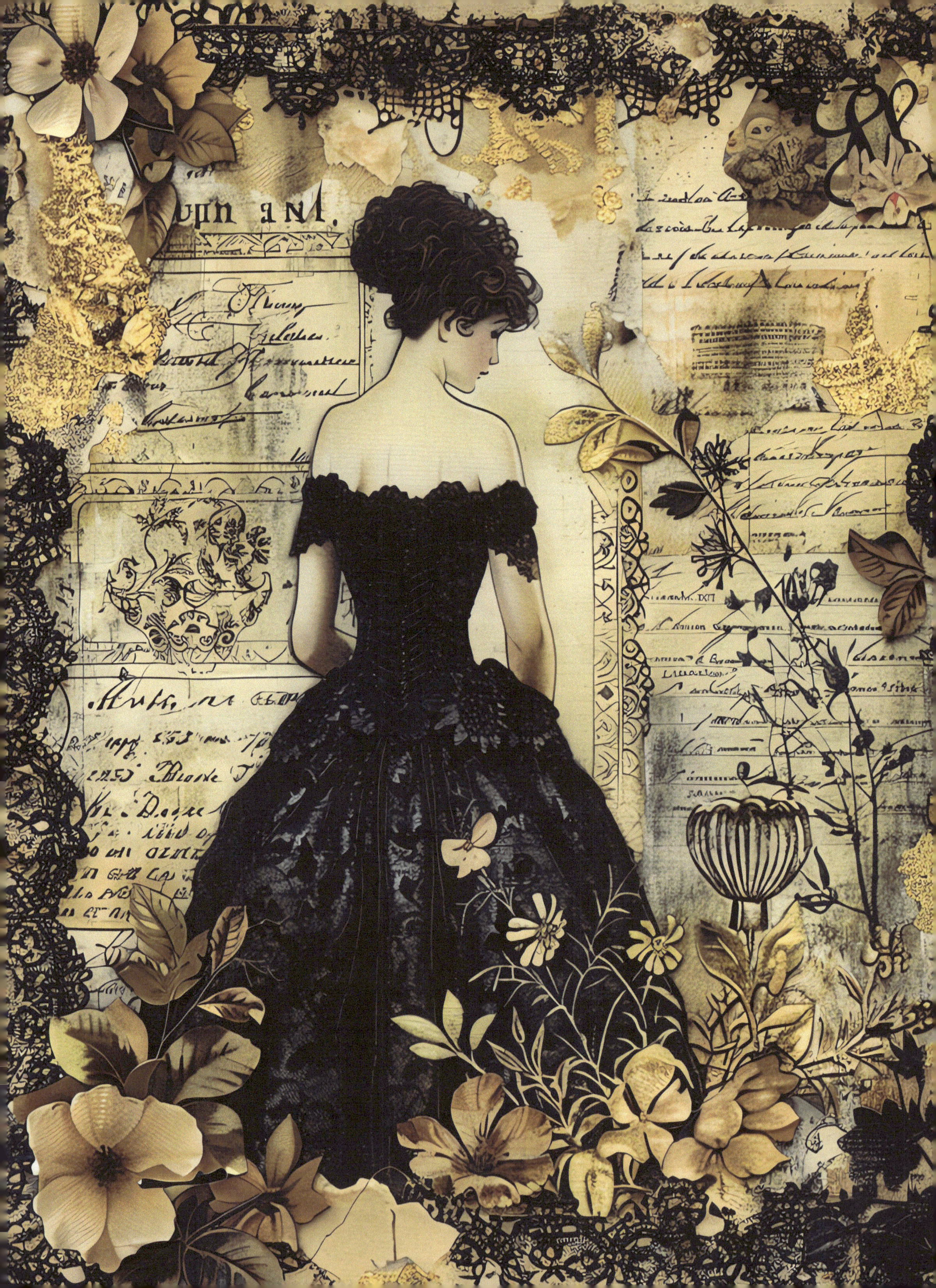

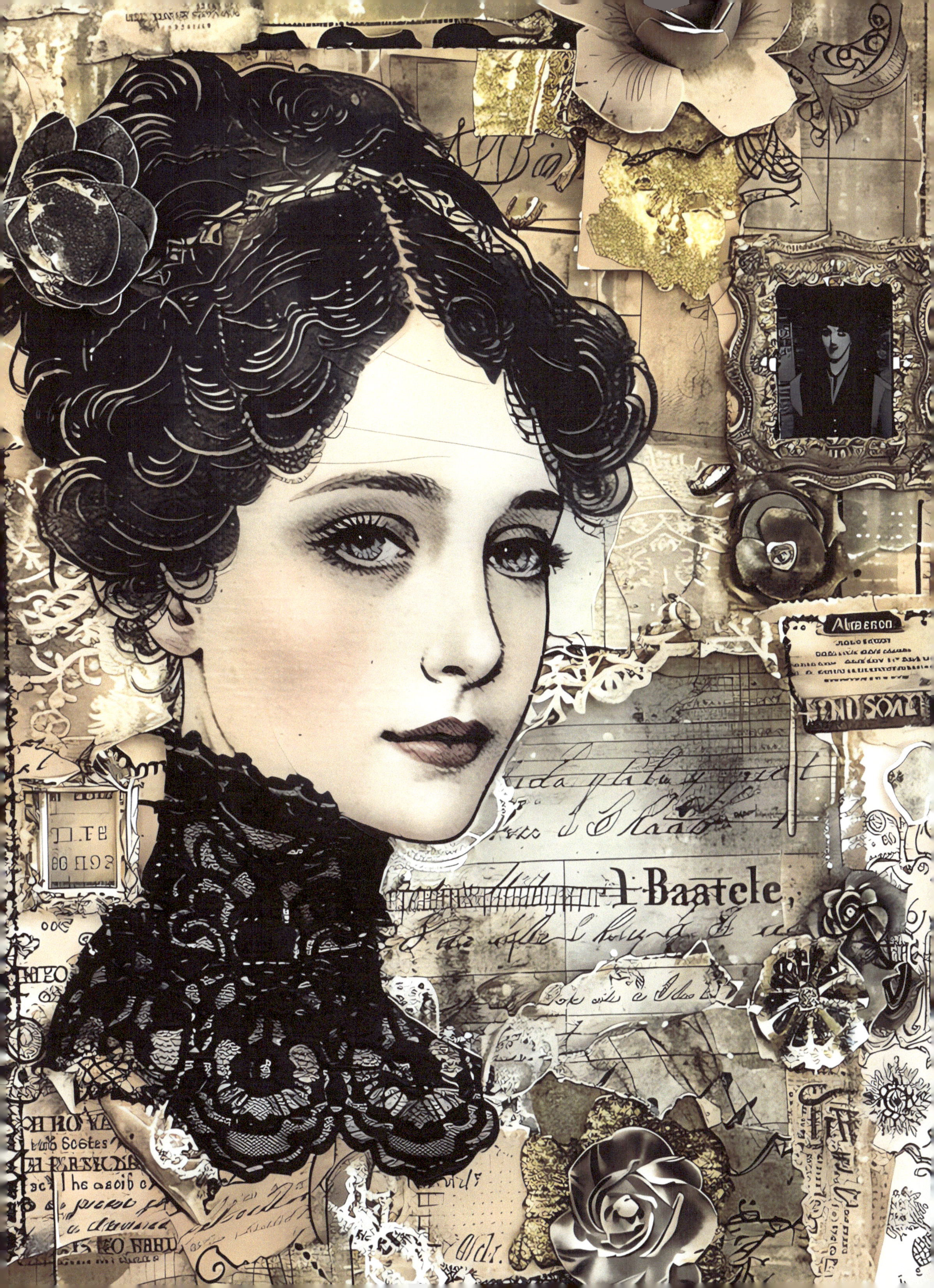

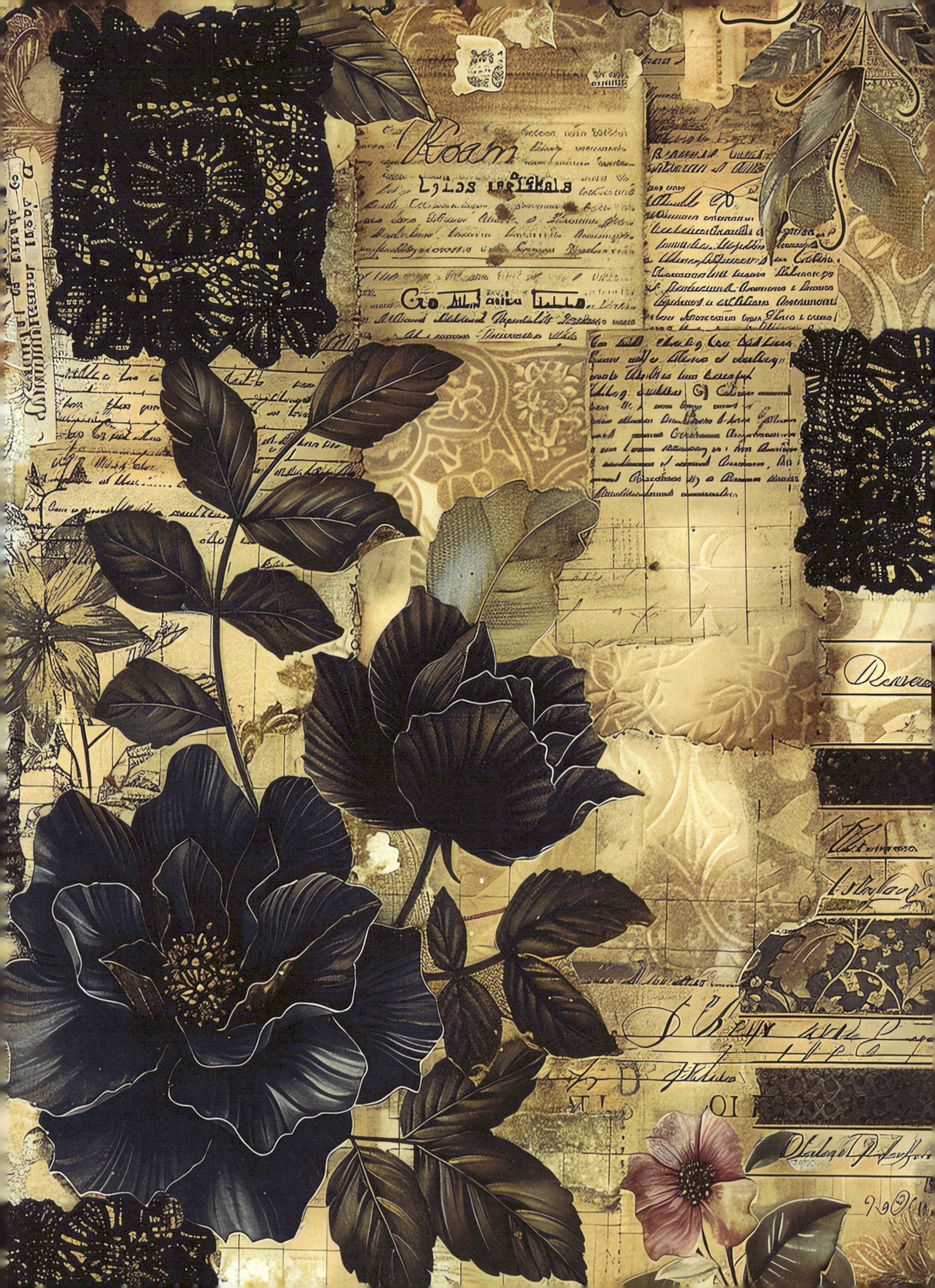

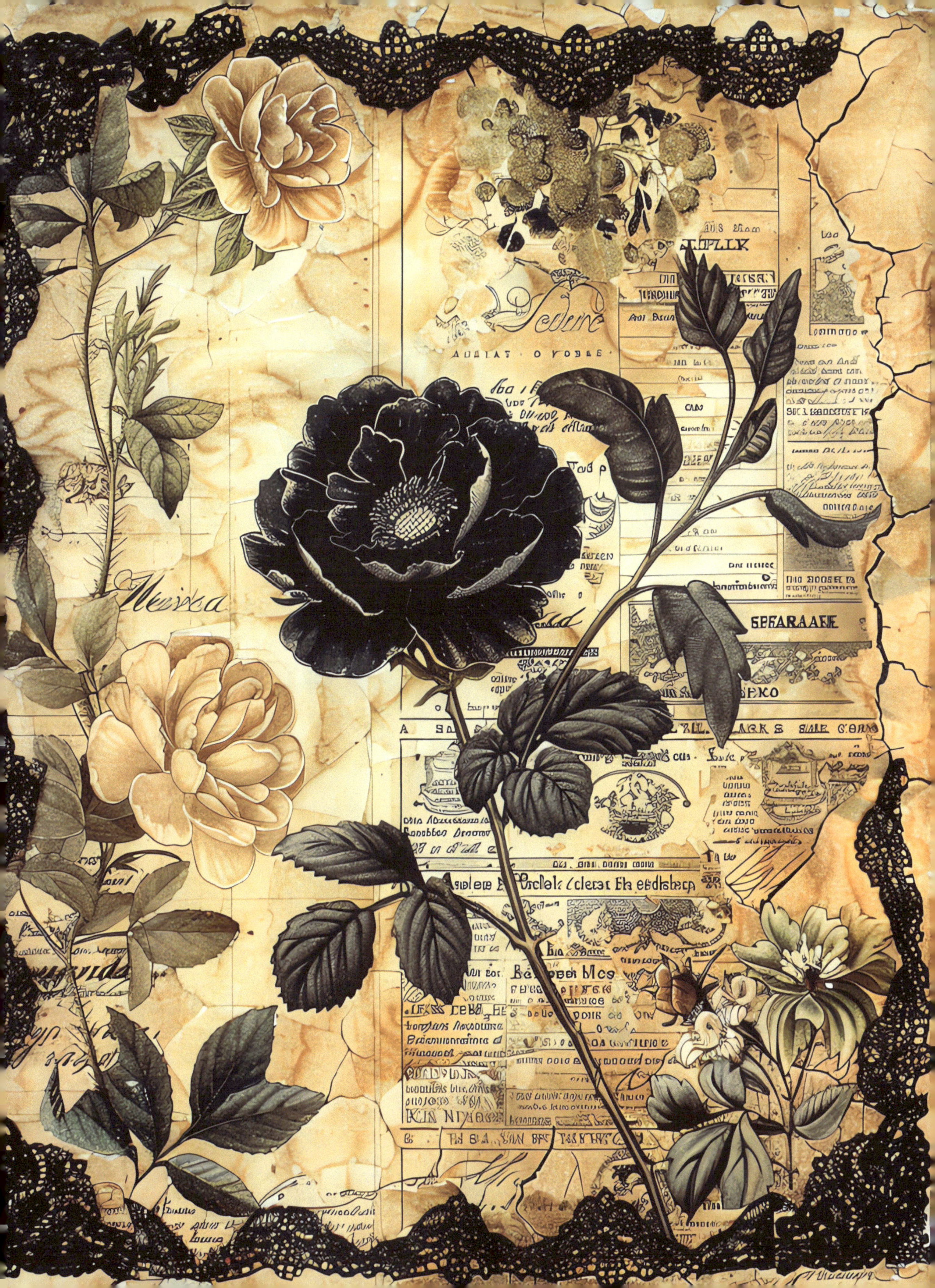

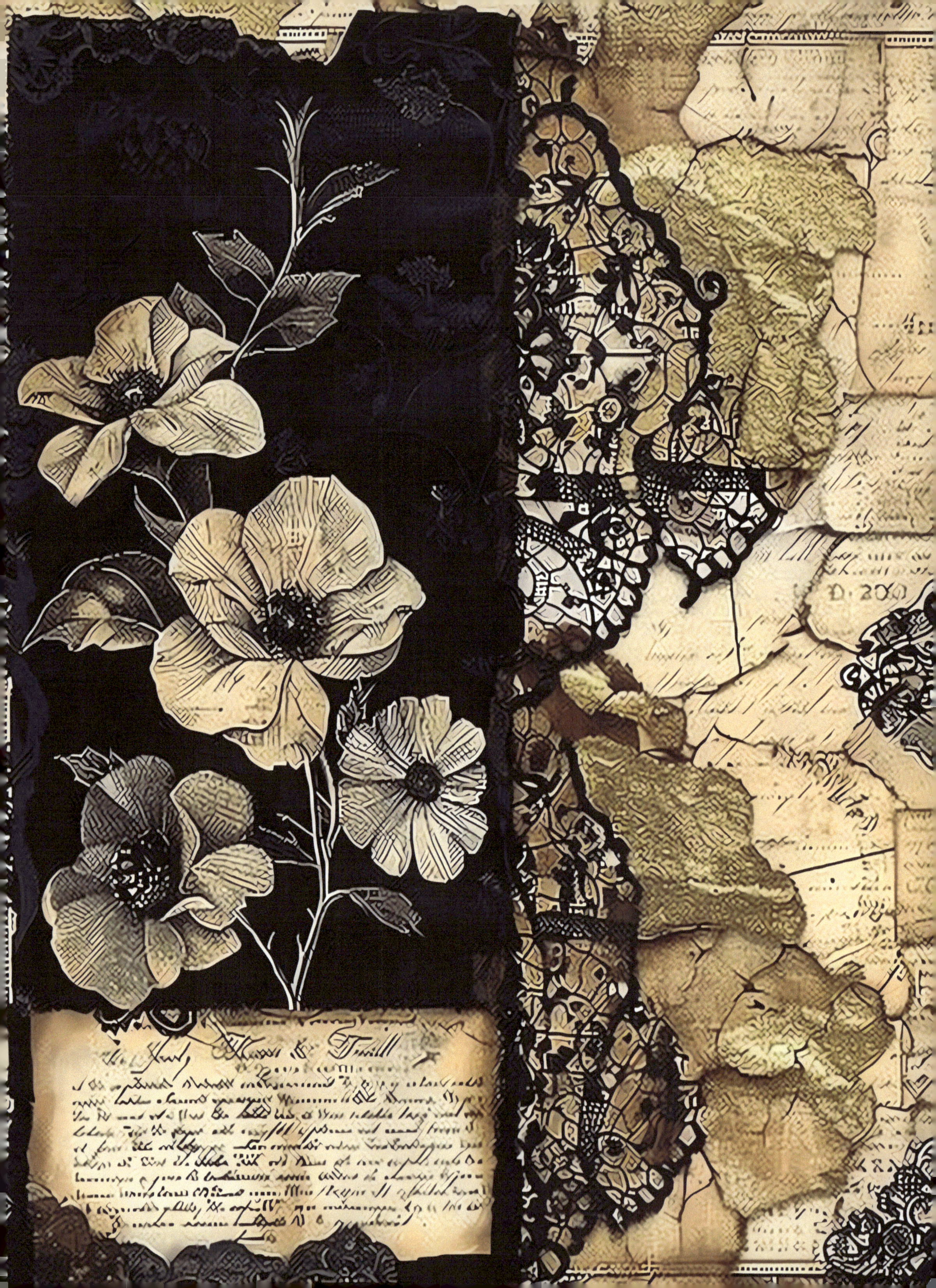

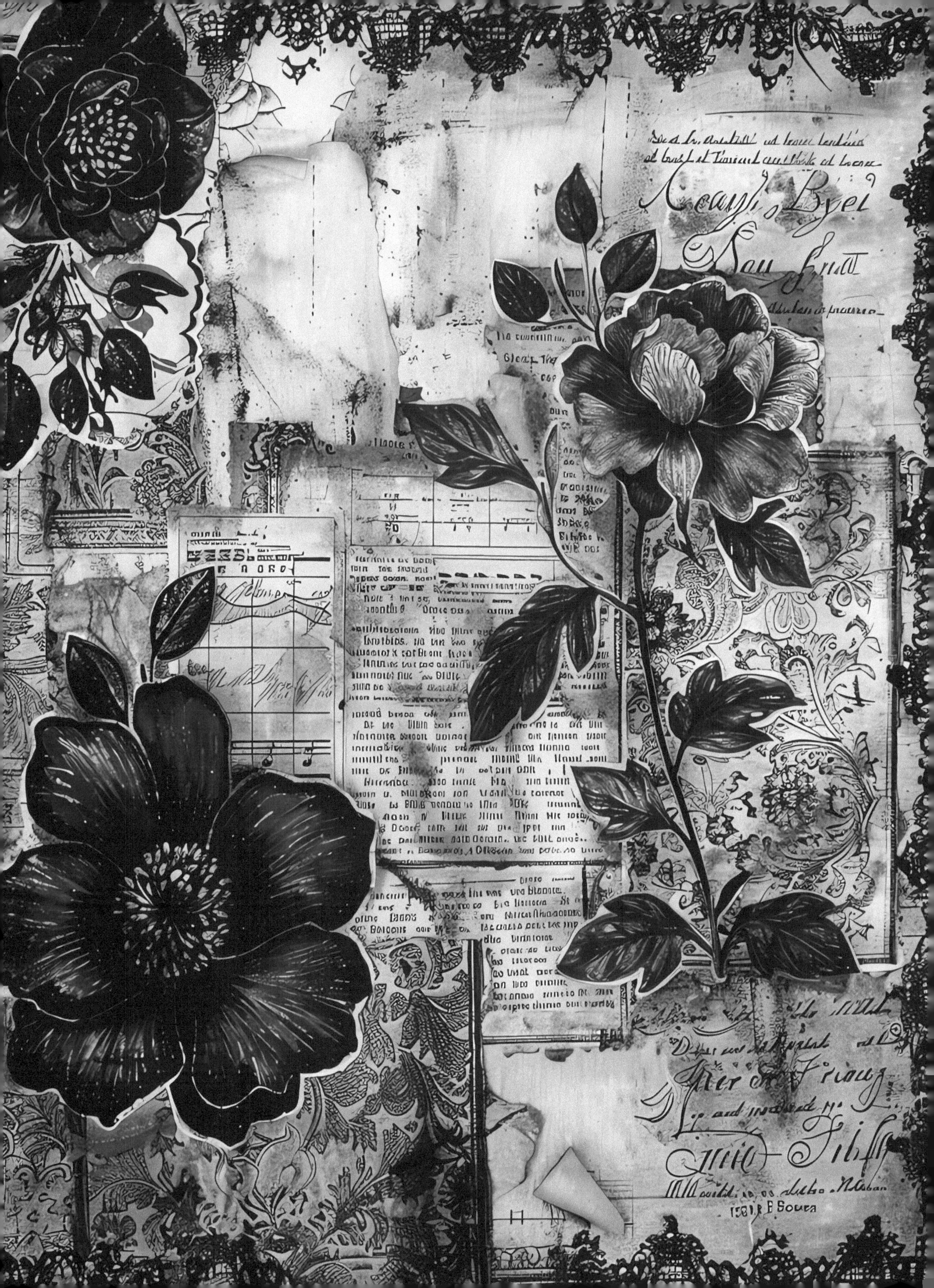

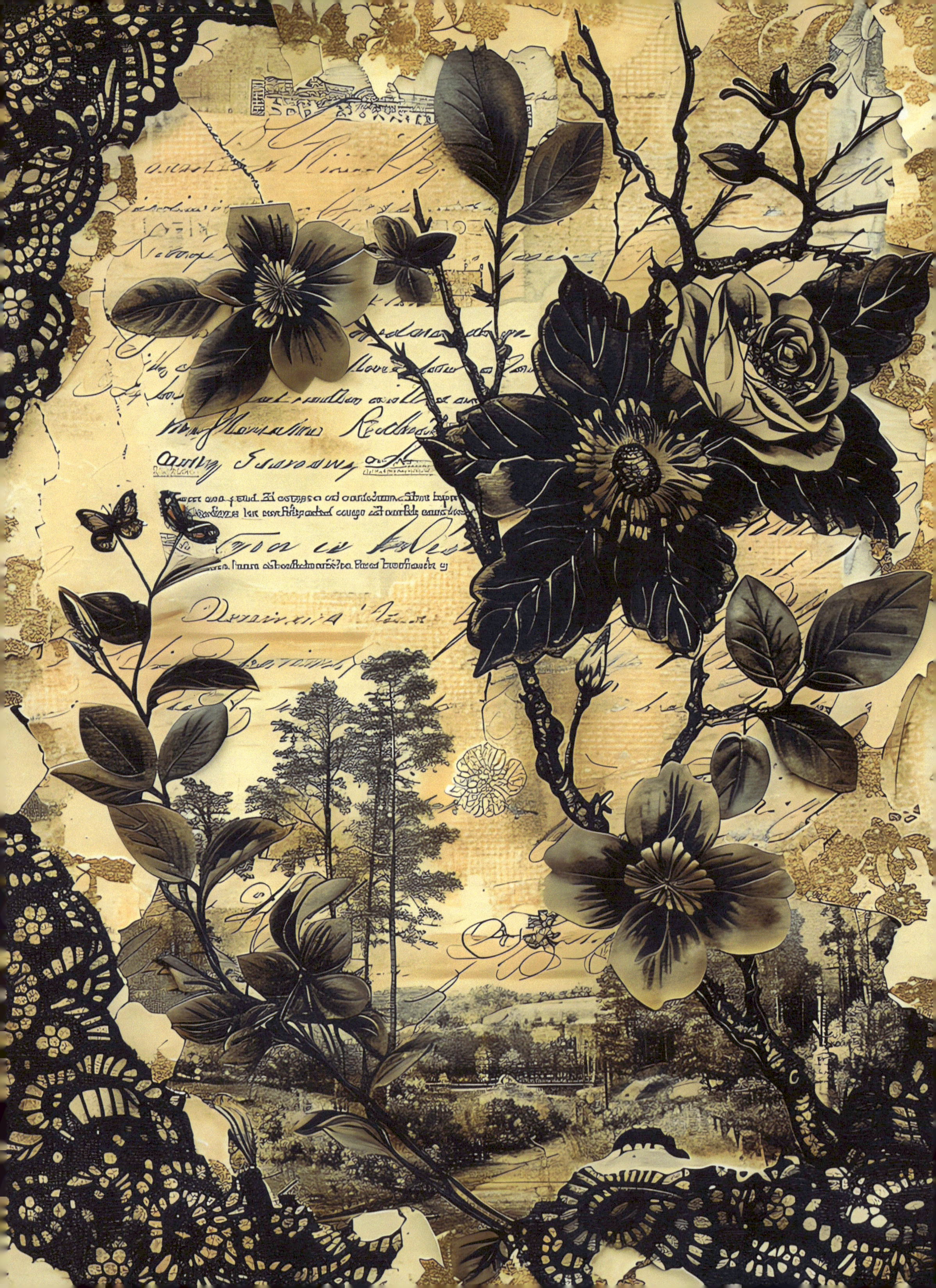

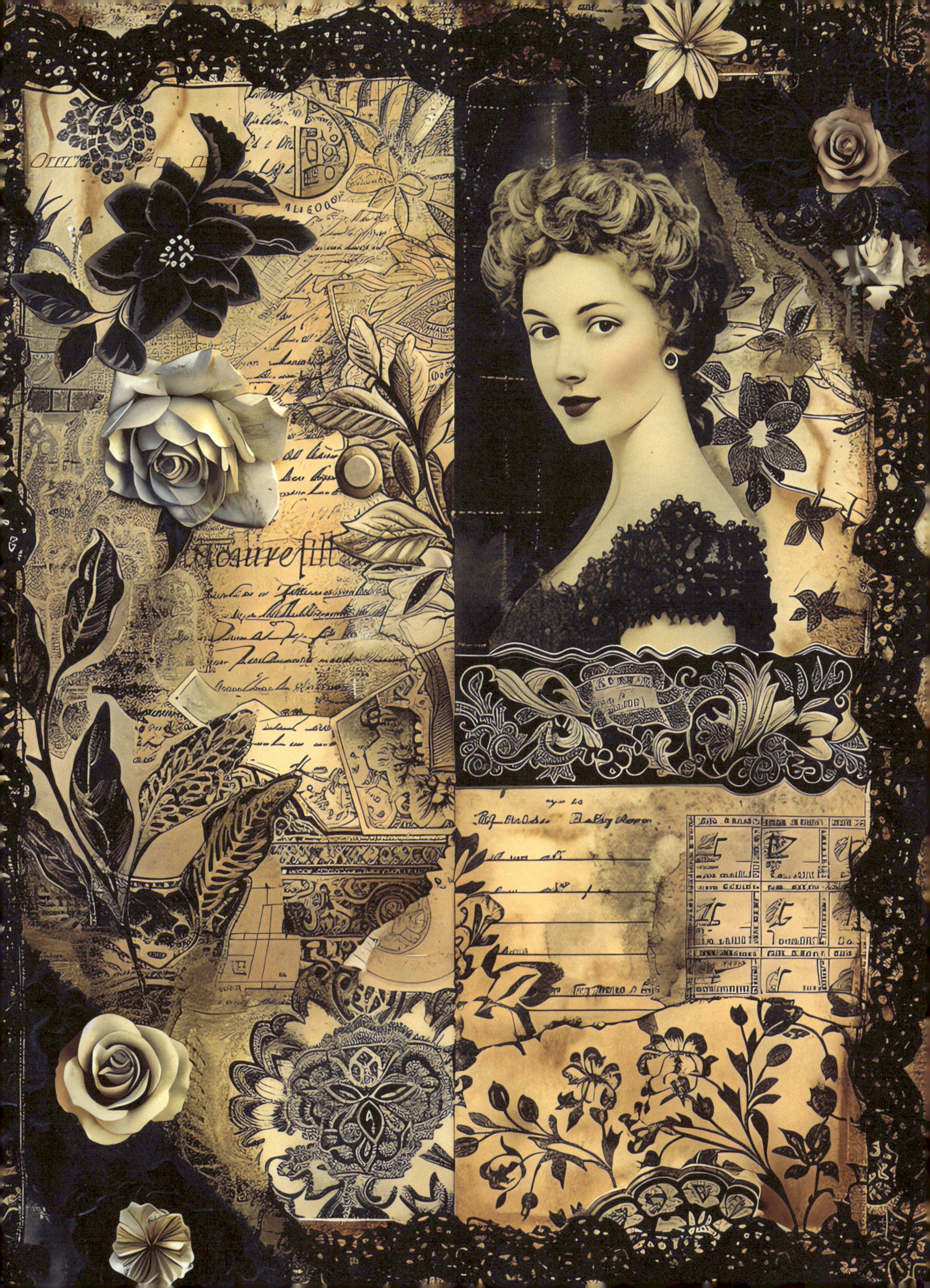

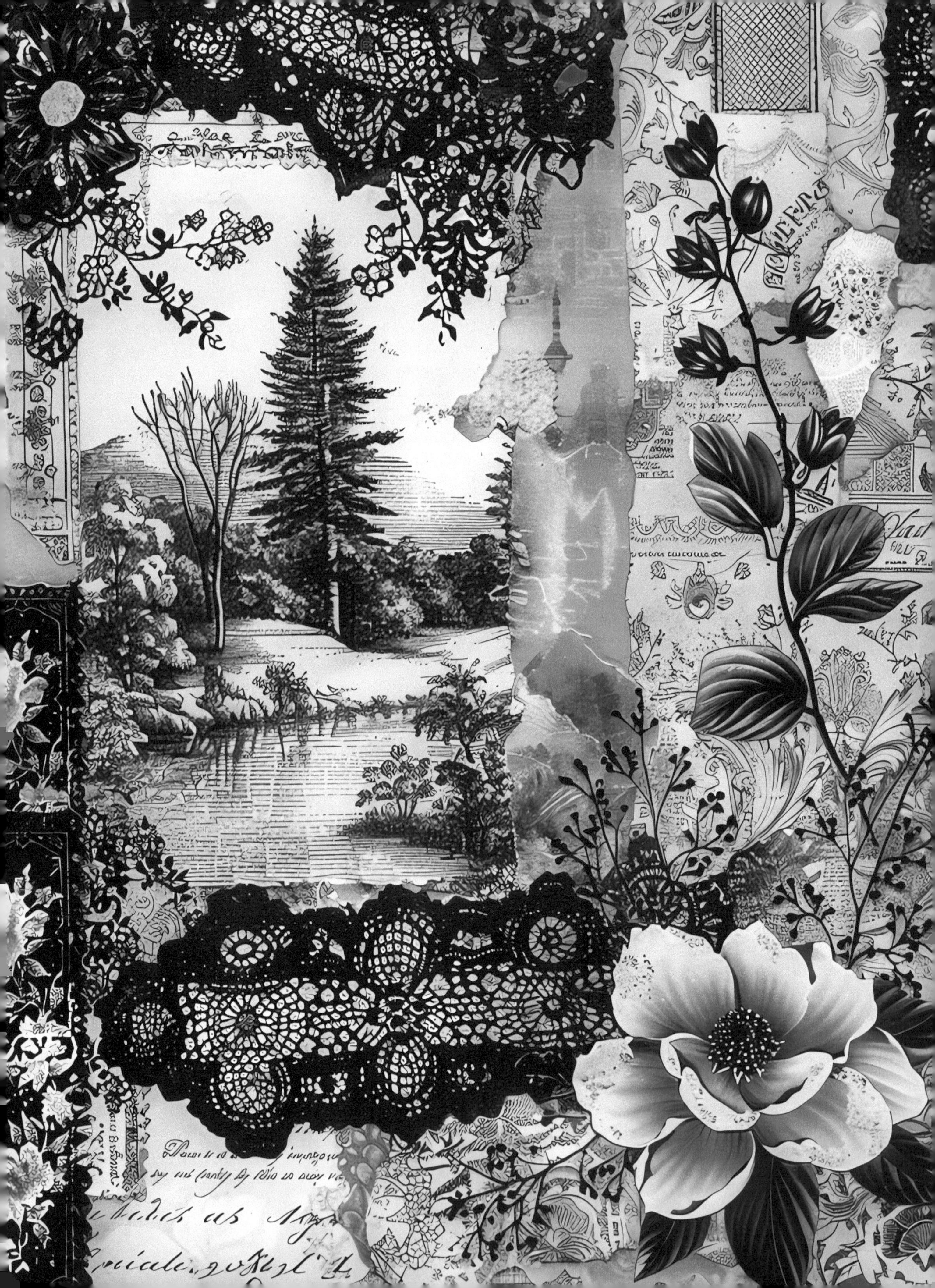

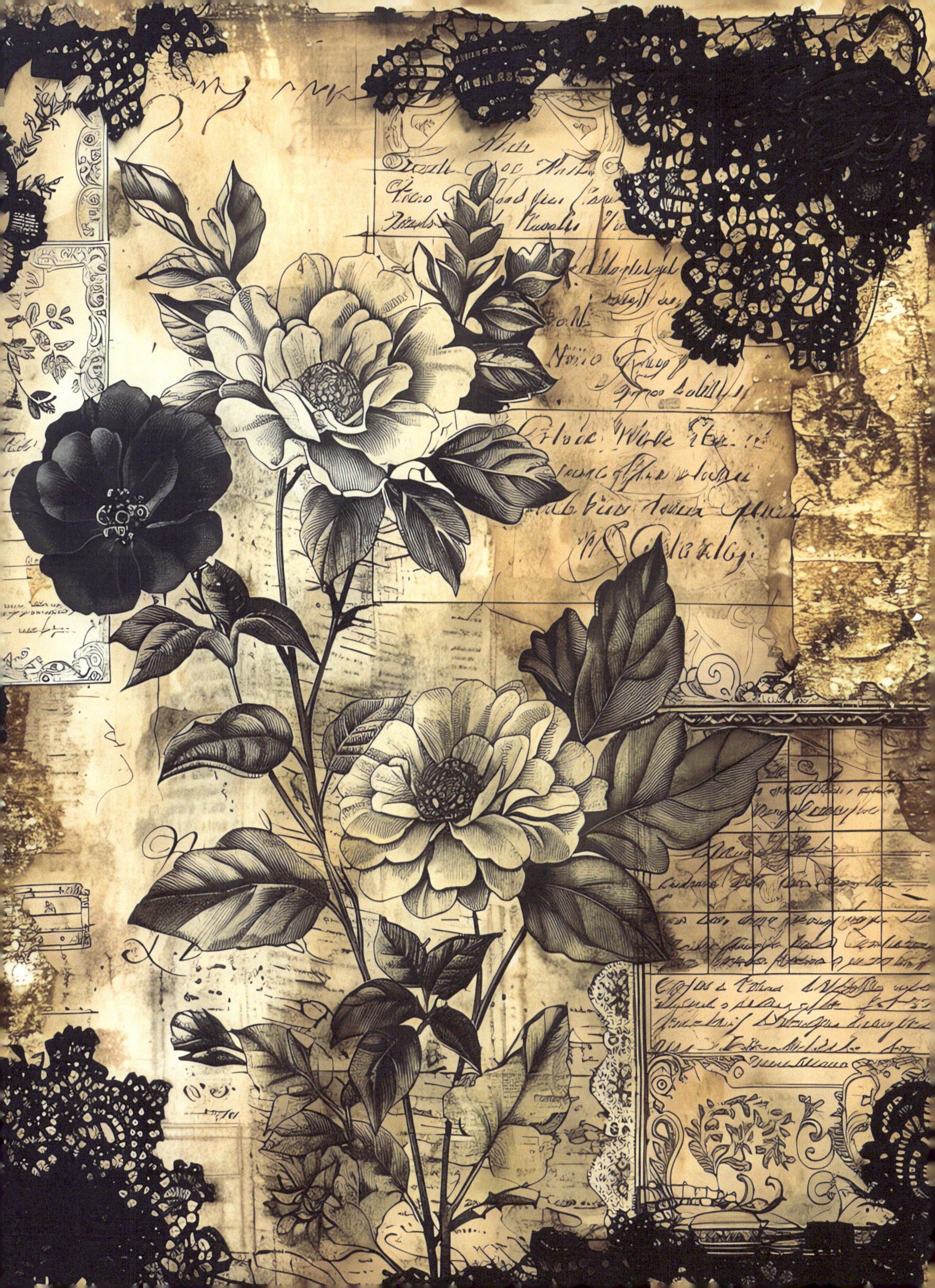

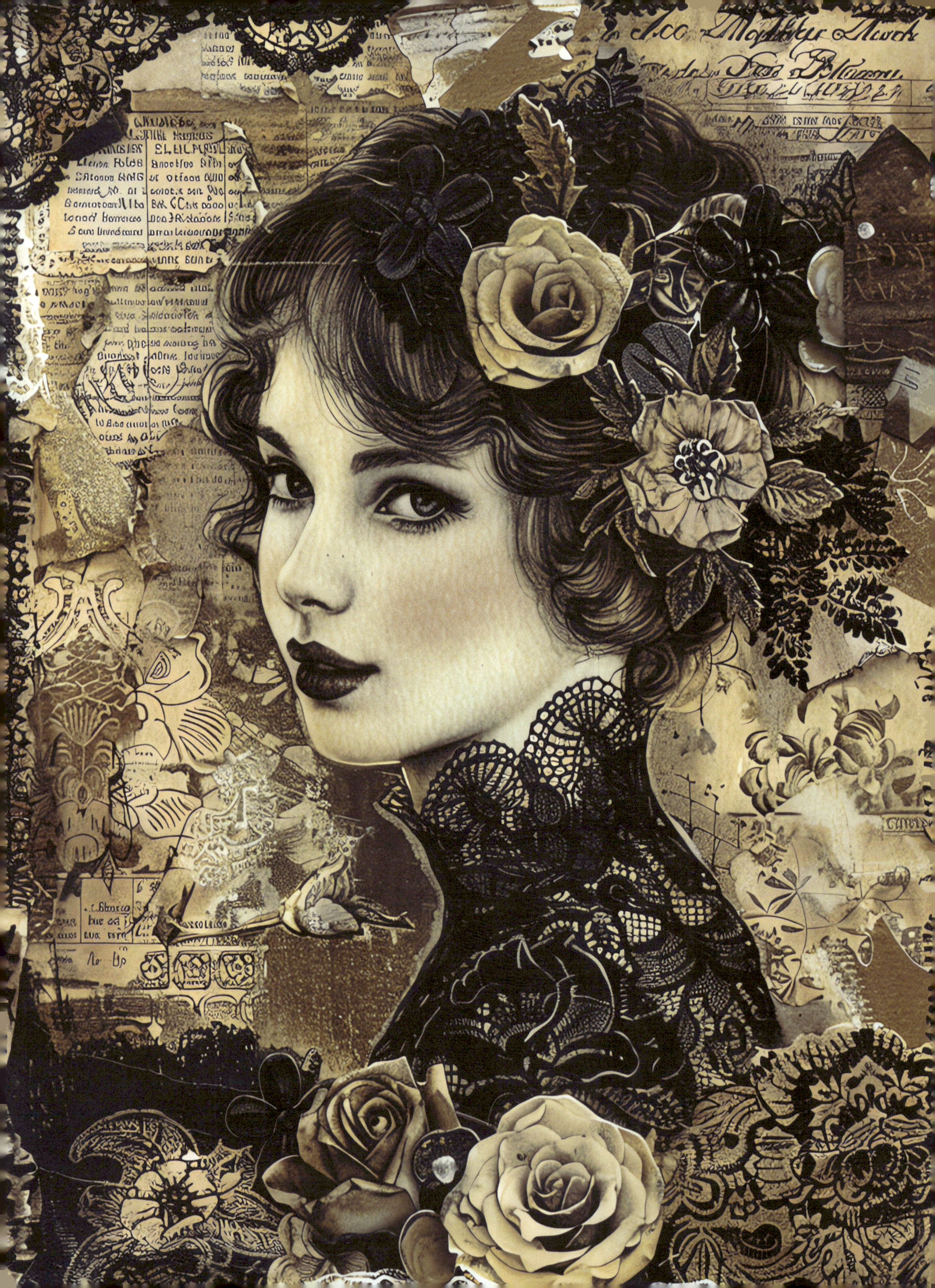

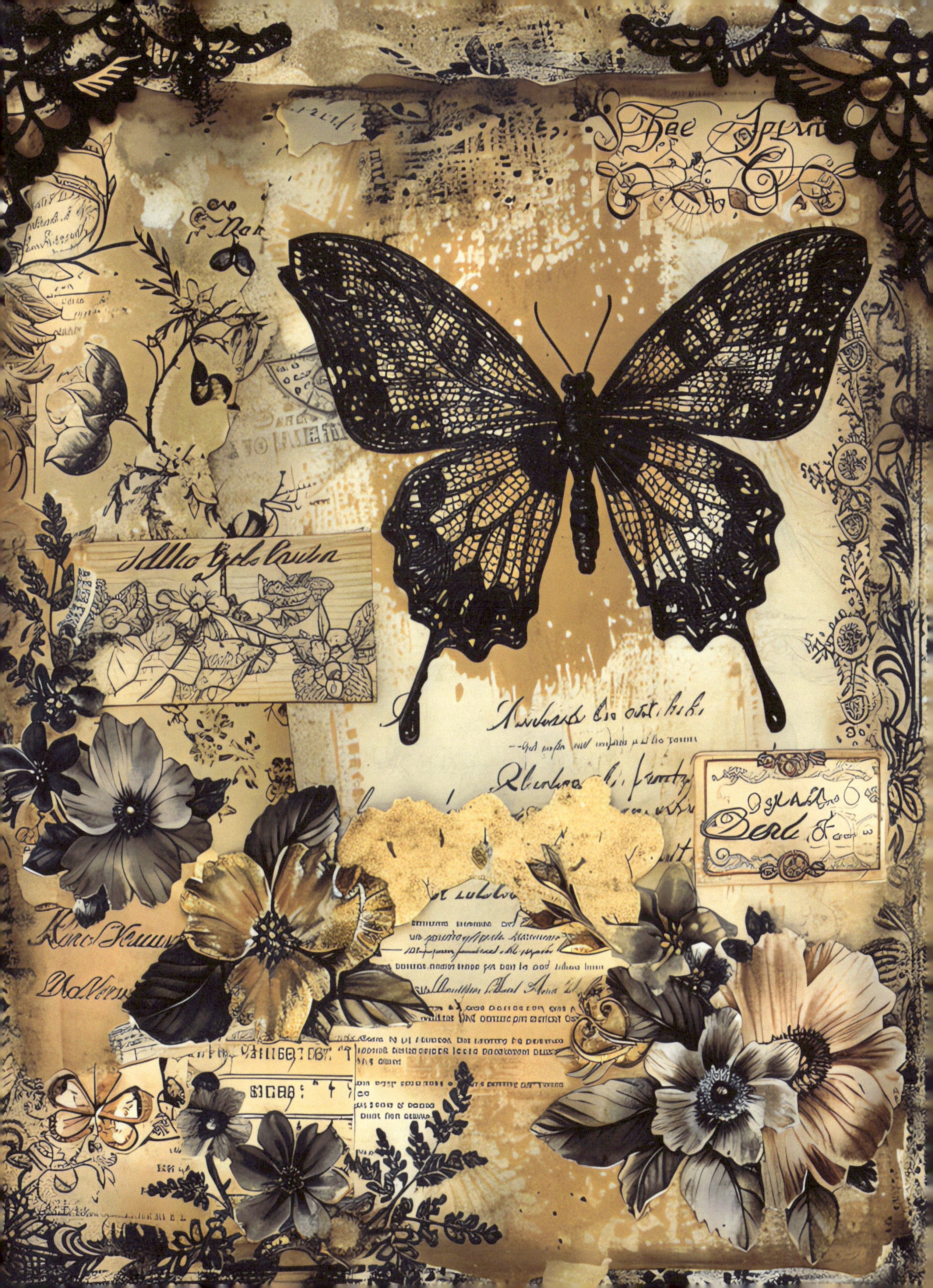

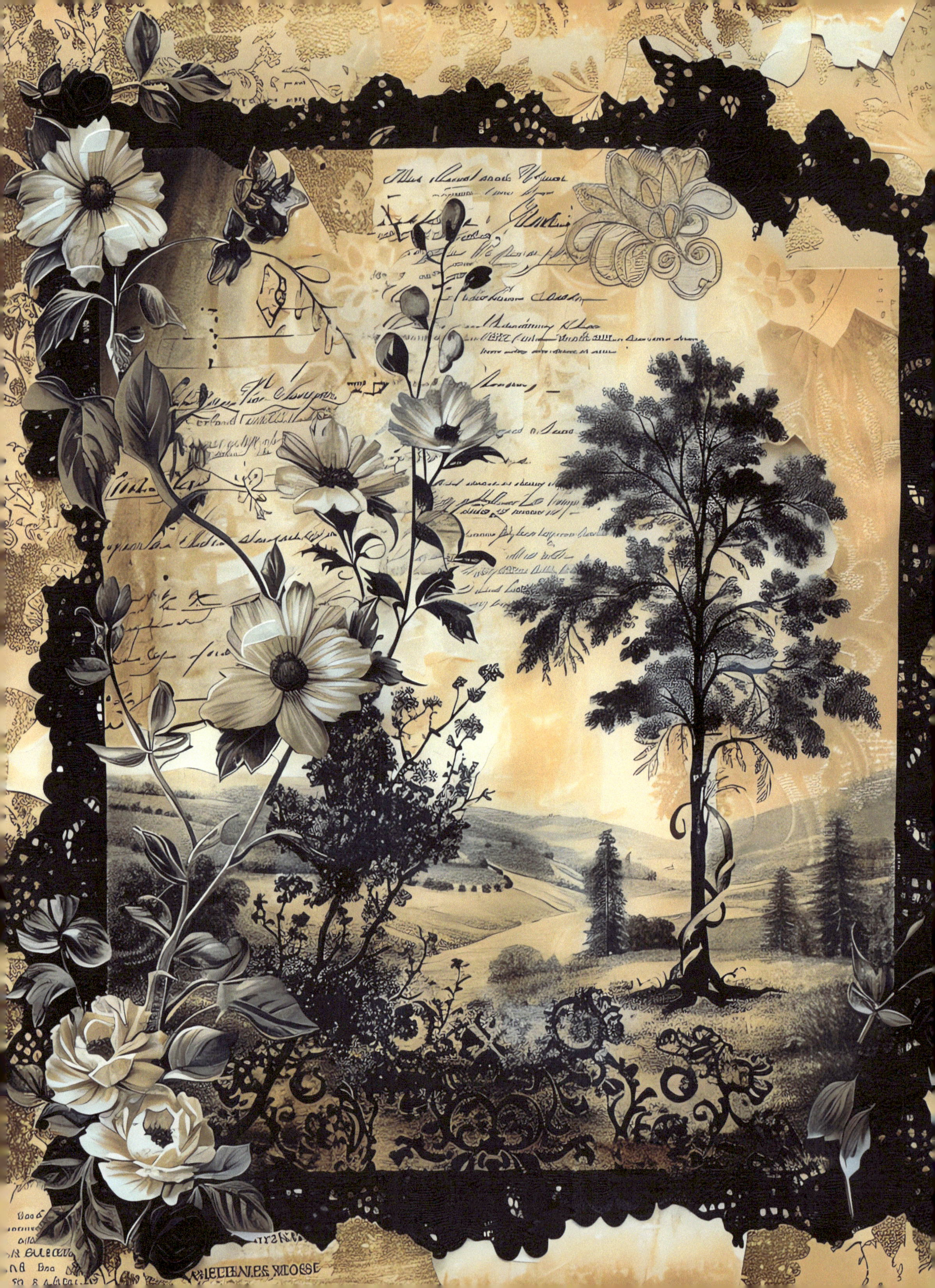

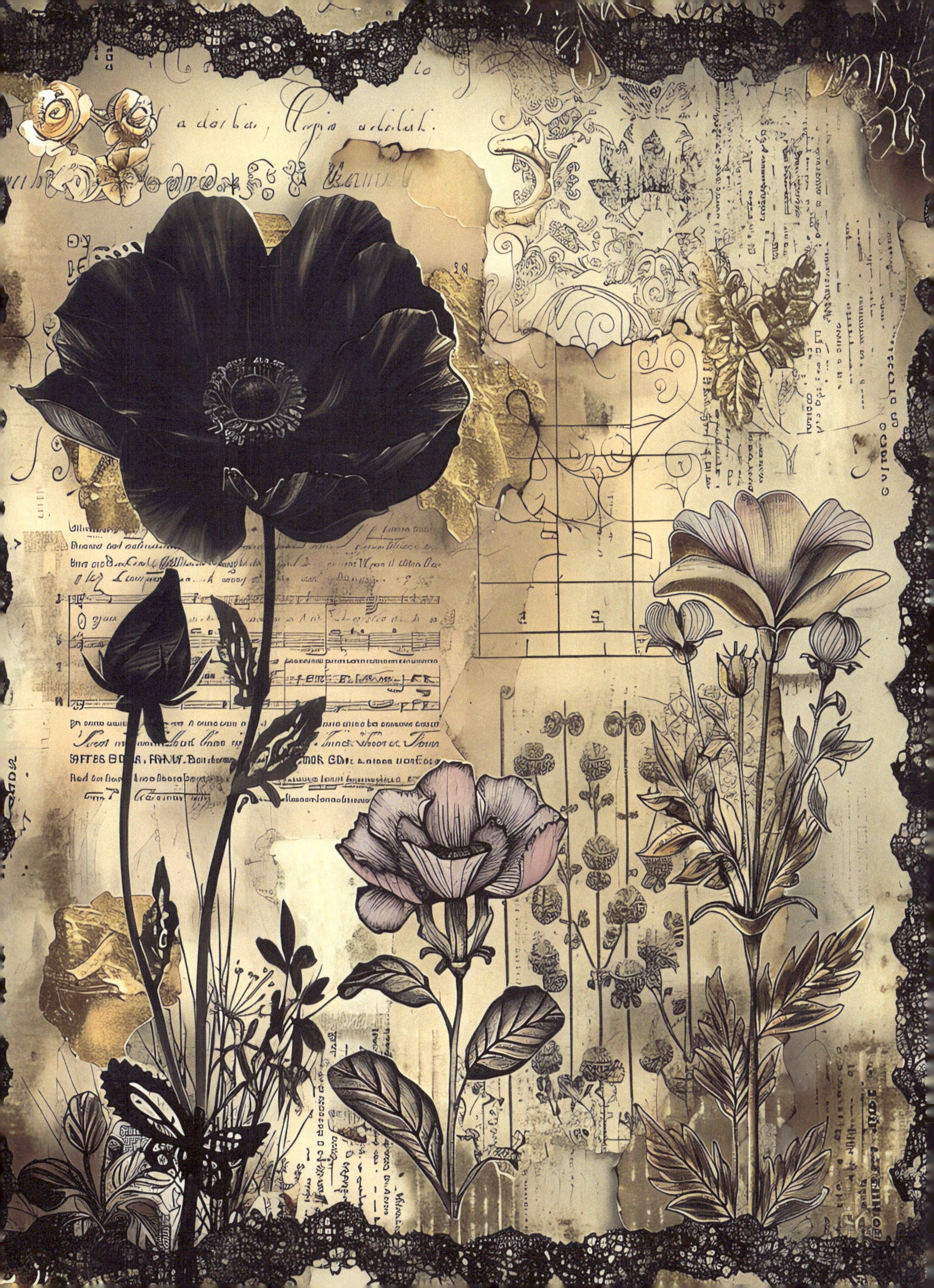

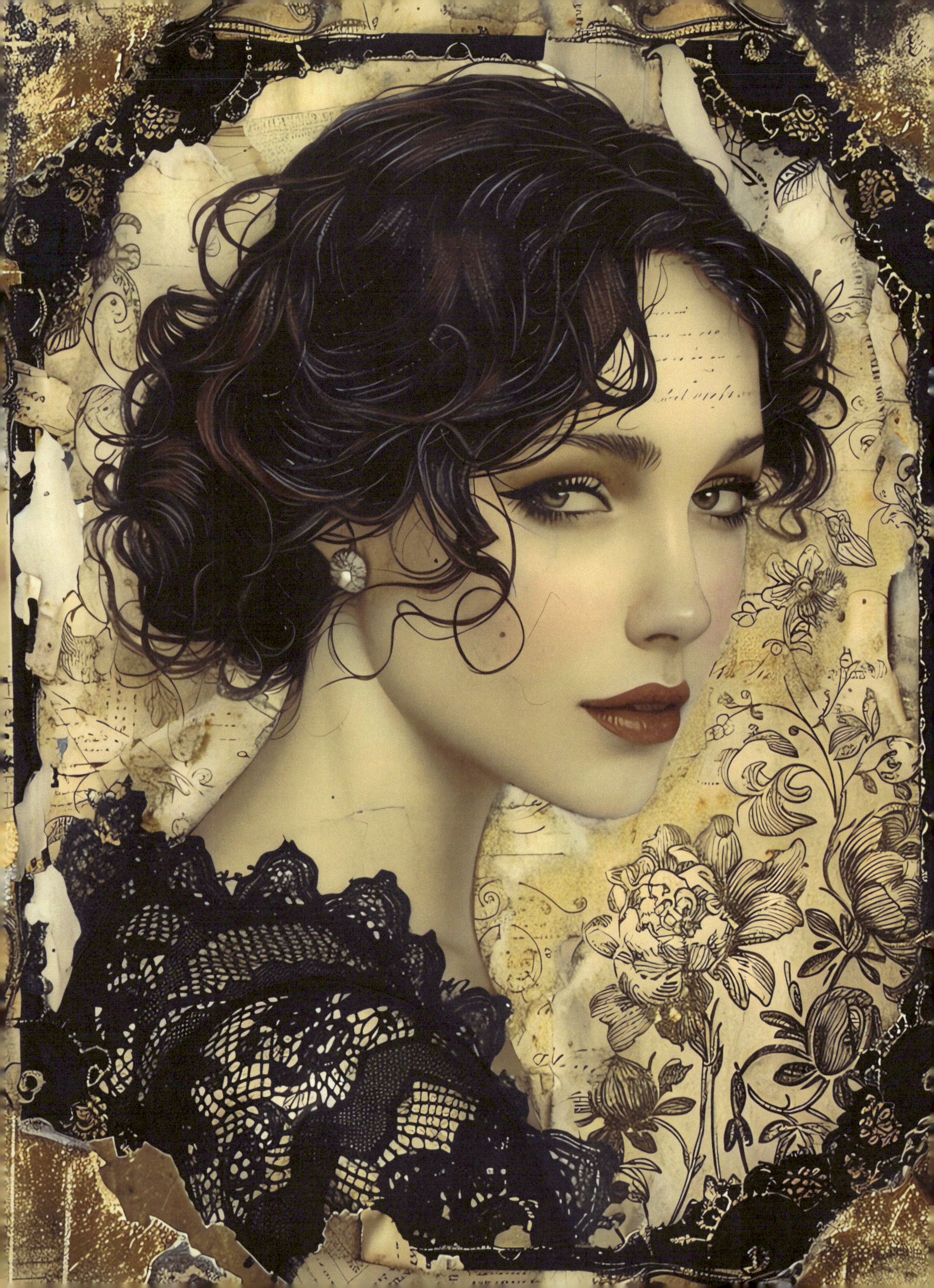

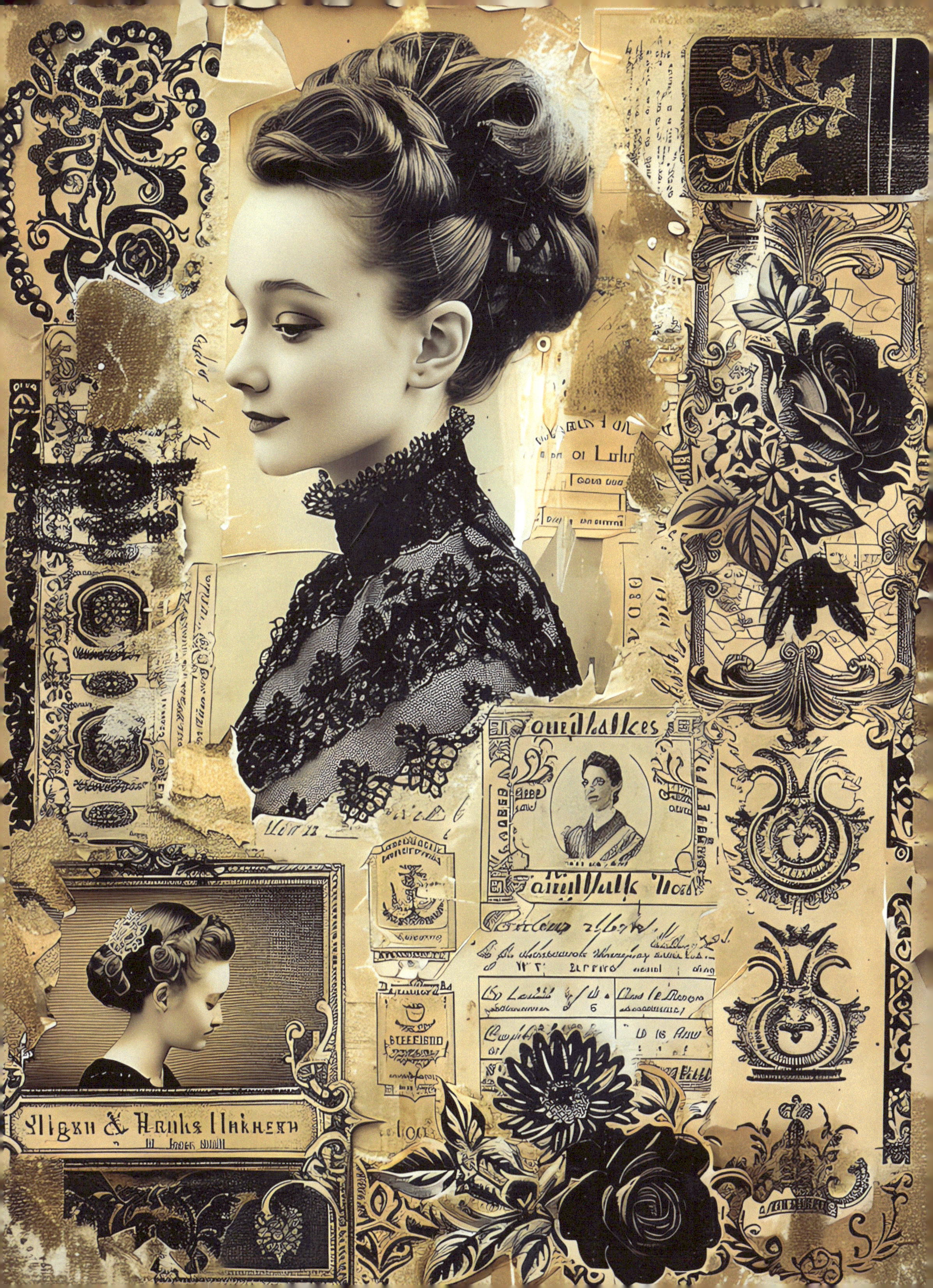

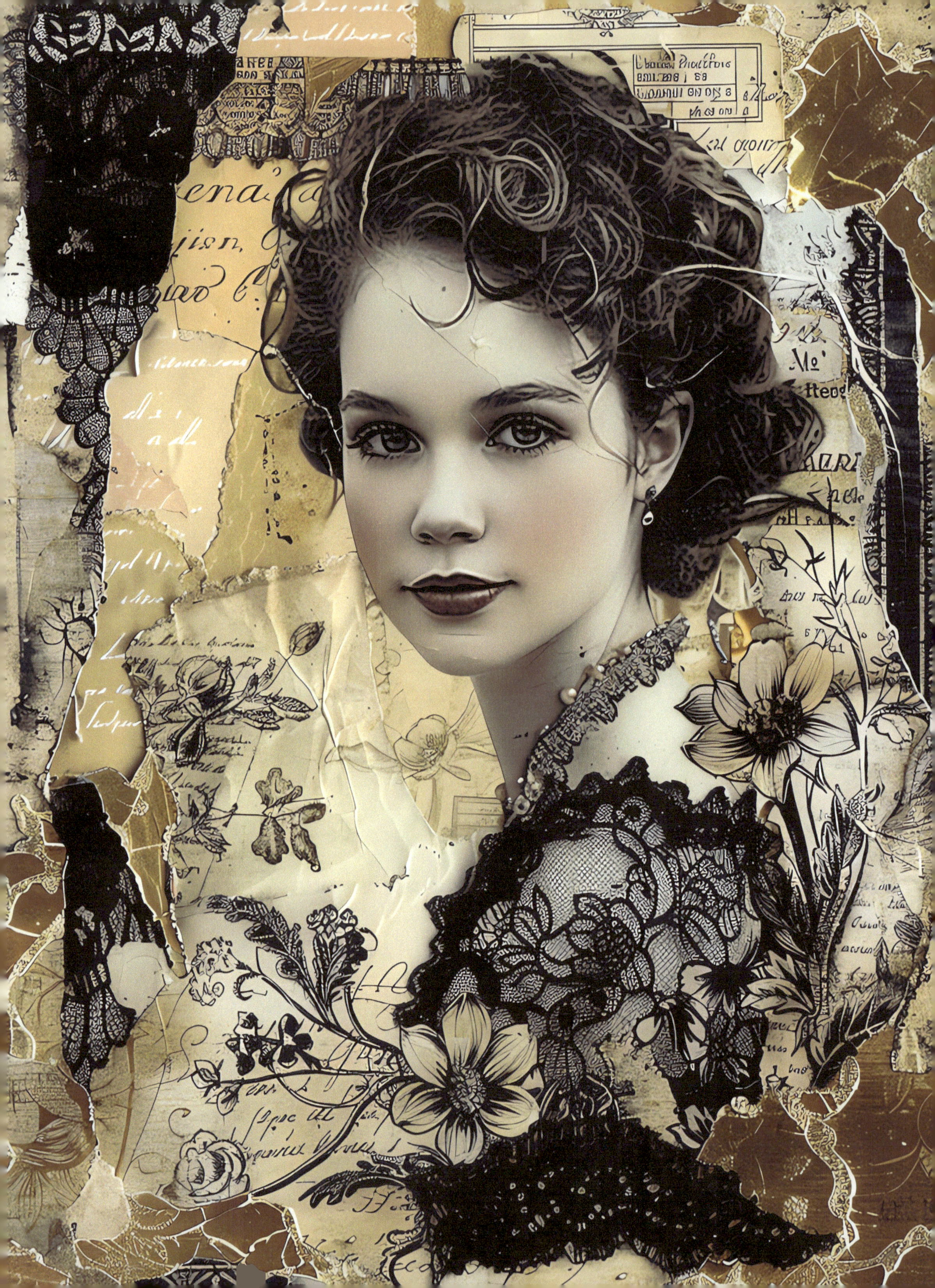

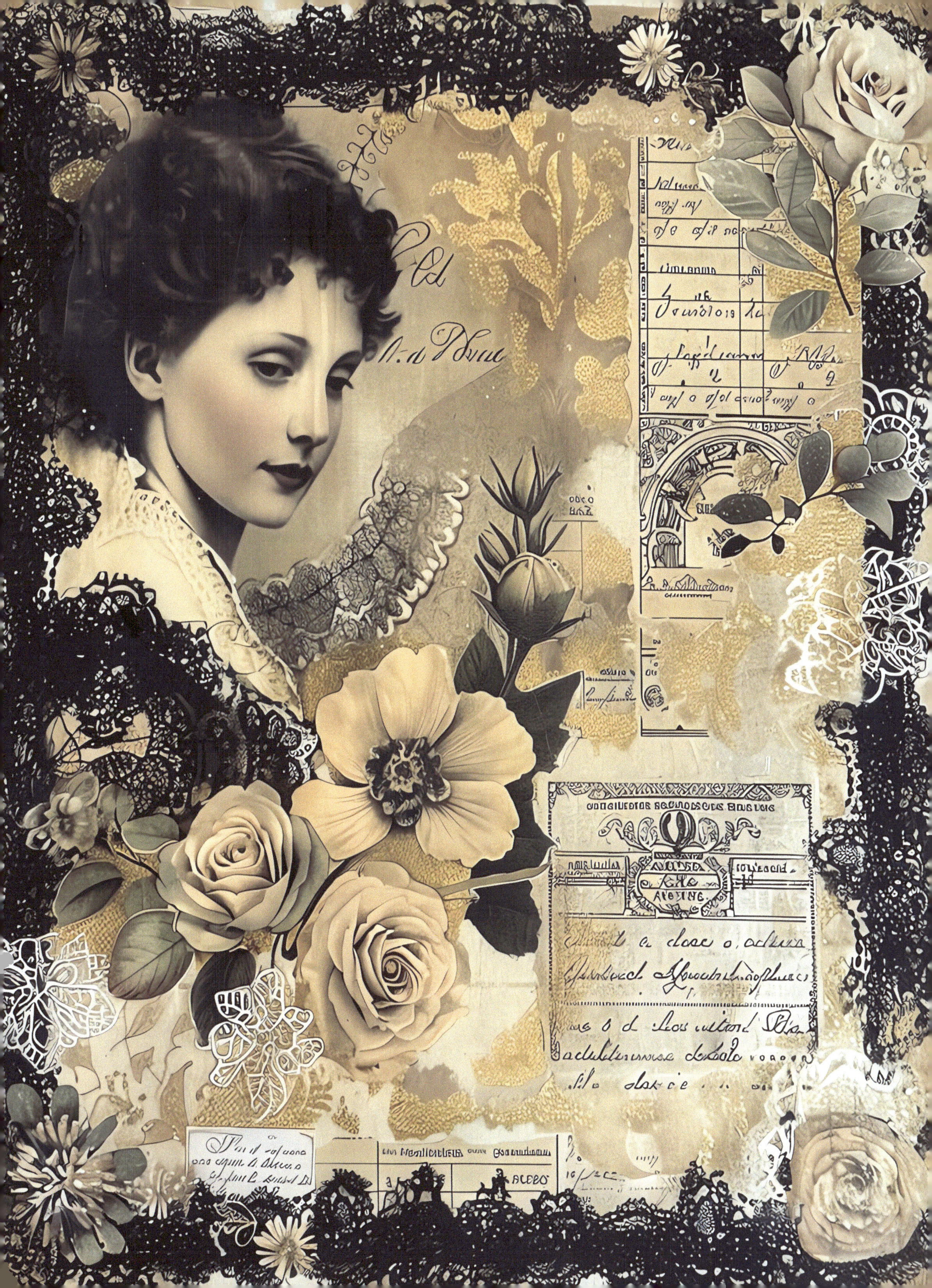

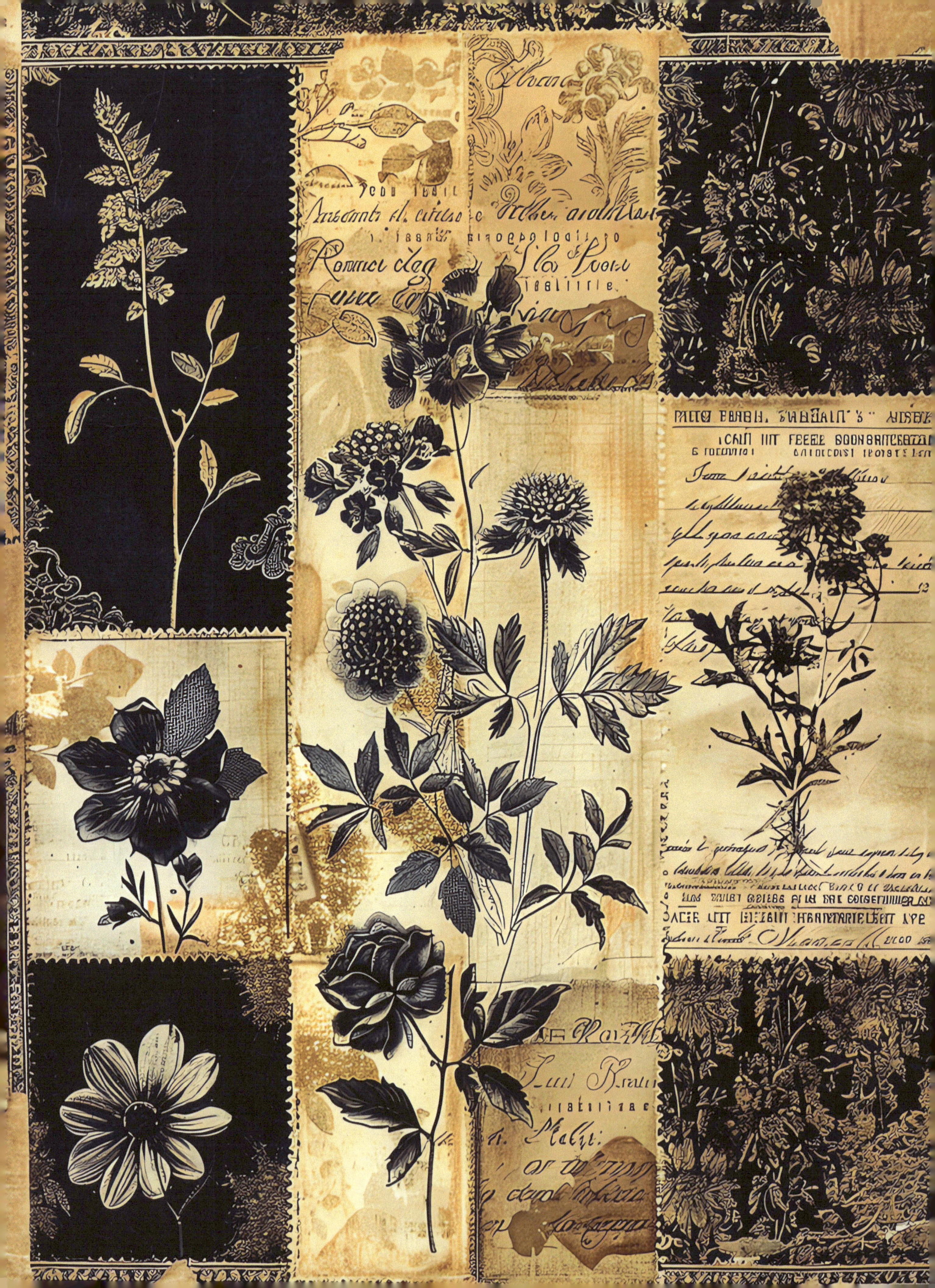

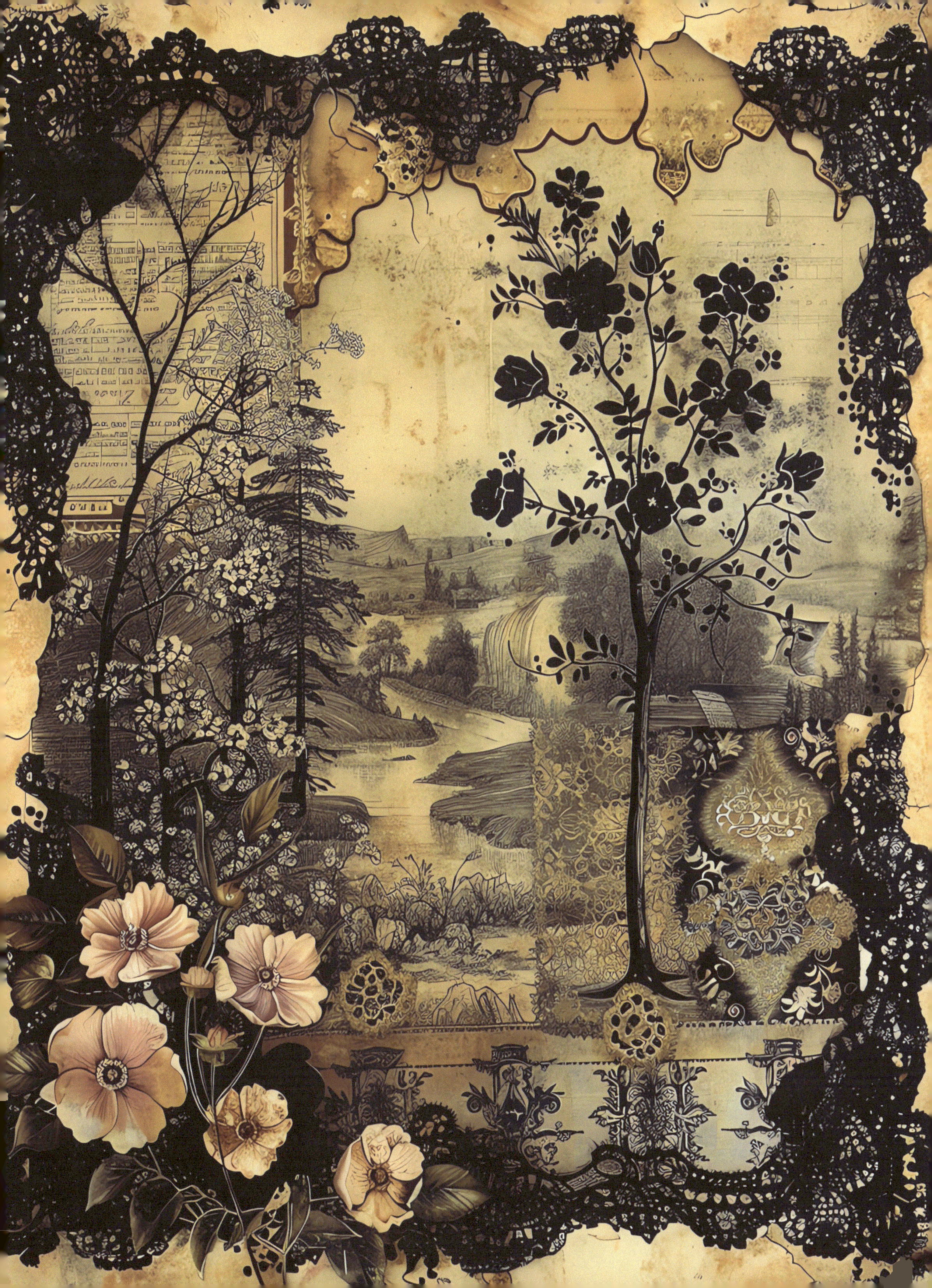

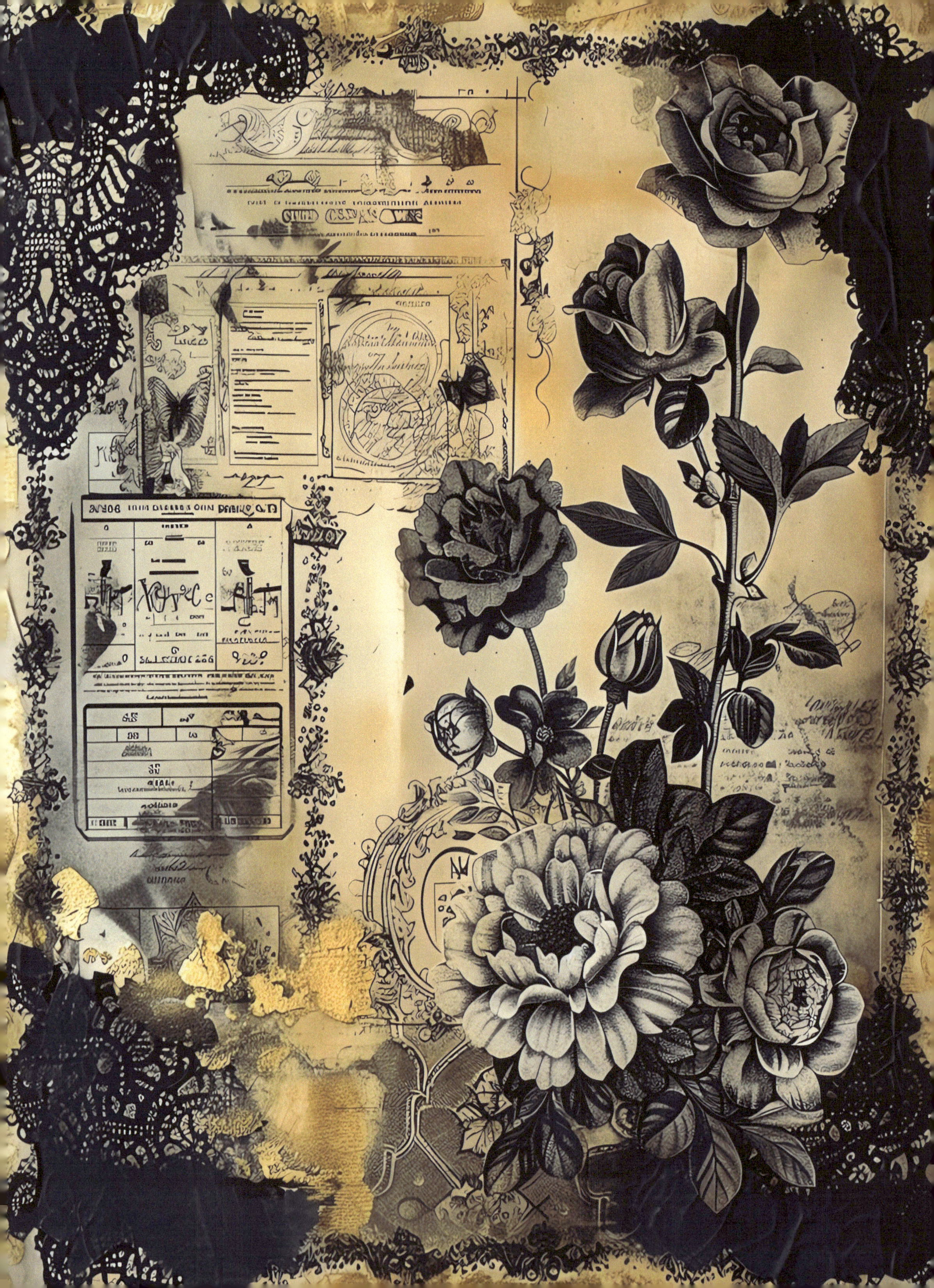

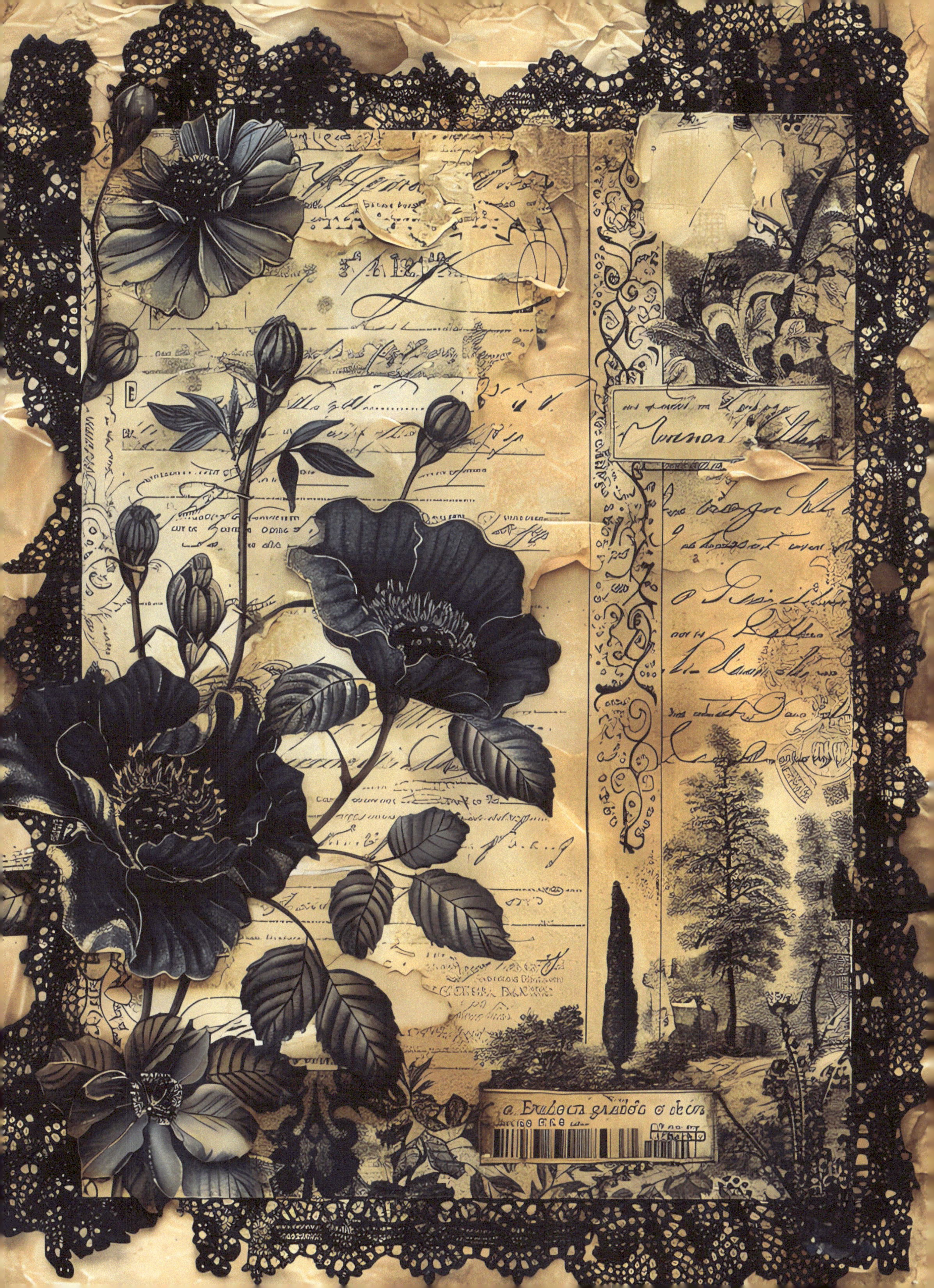

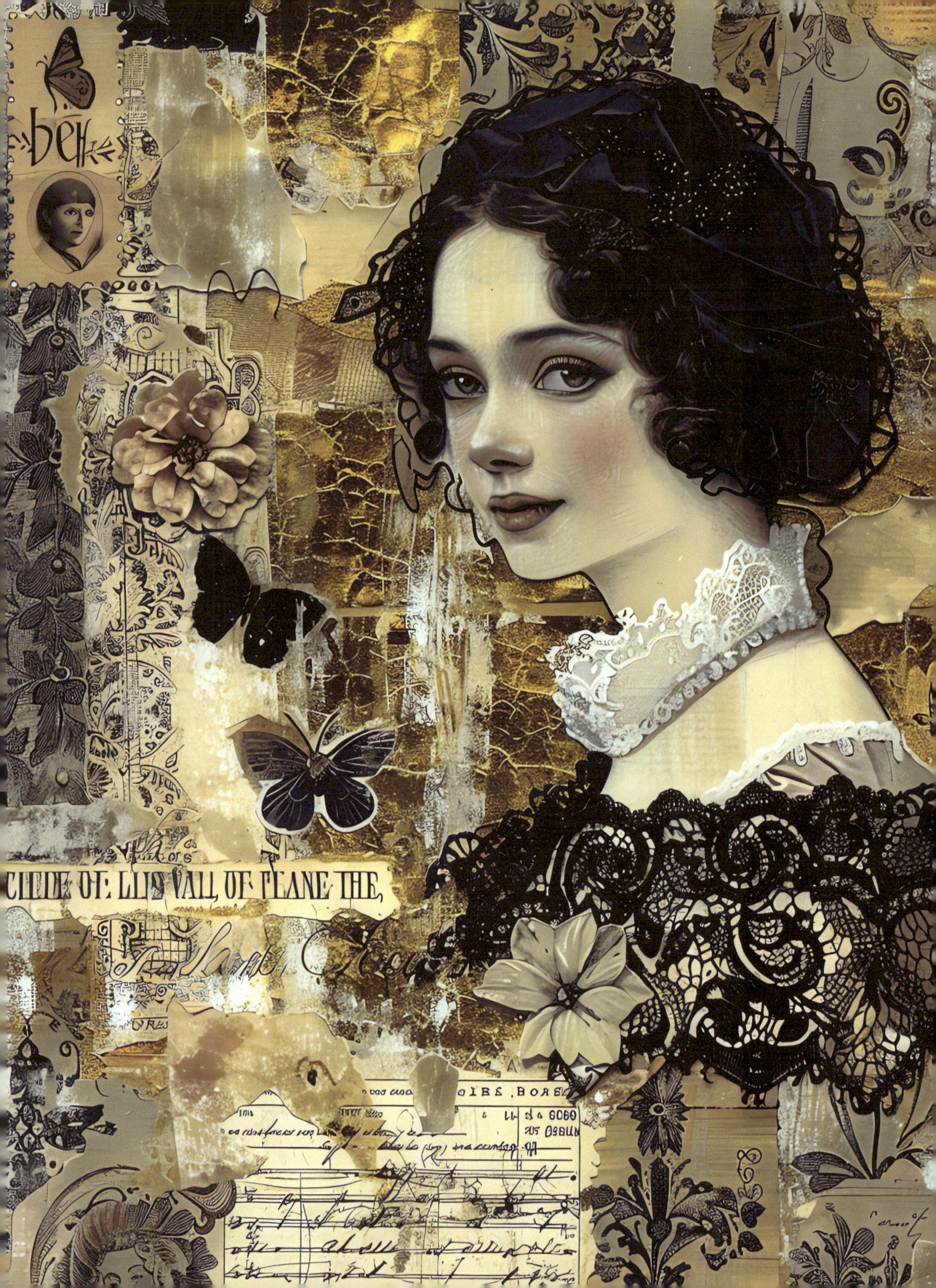
CHEDE OF LLIS VALL OF PLANE THE

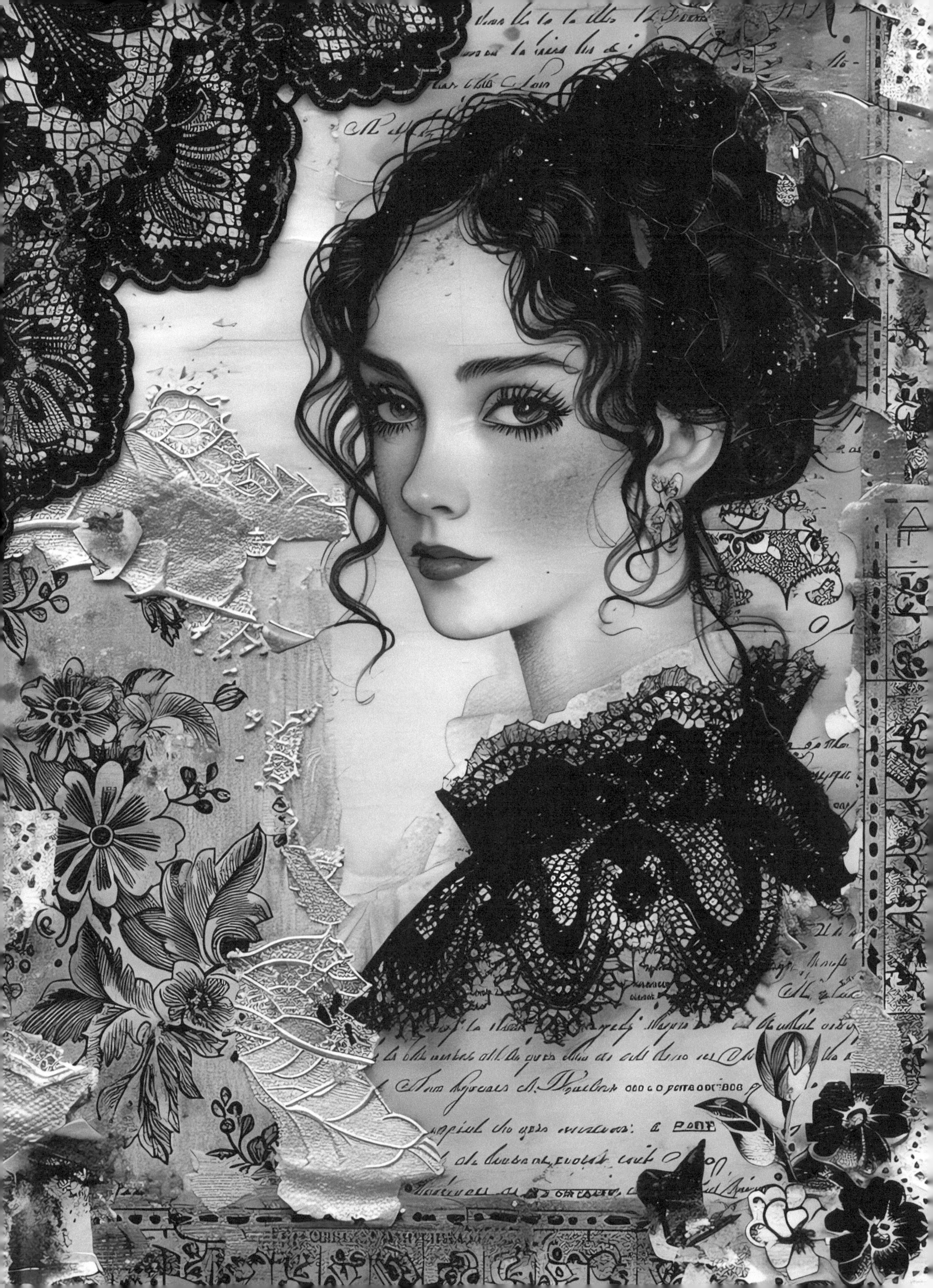

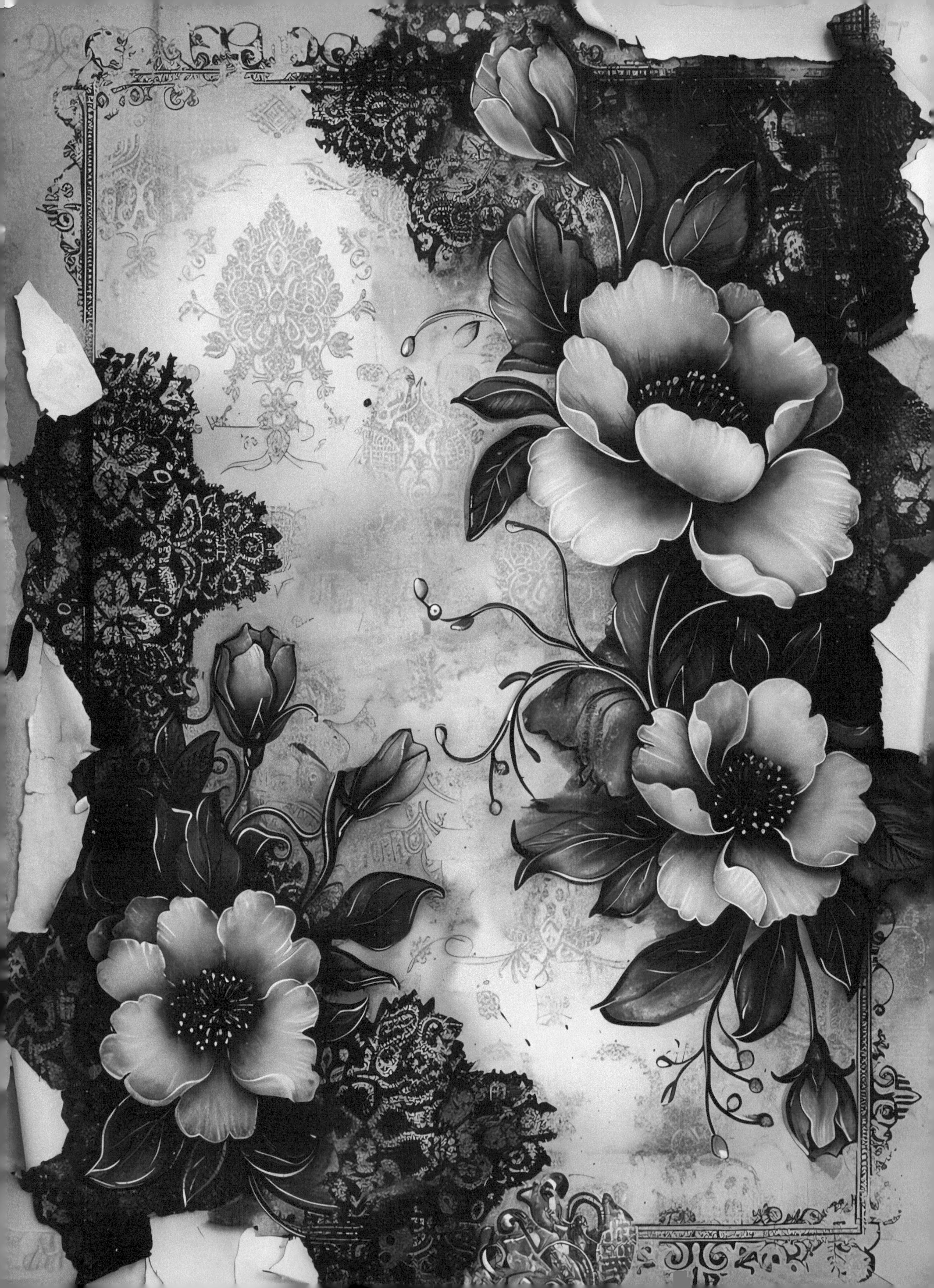

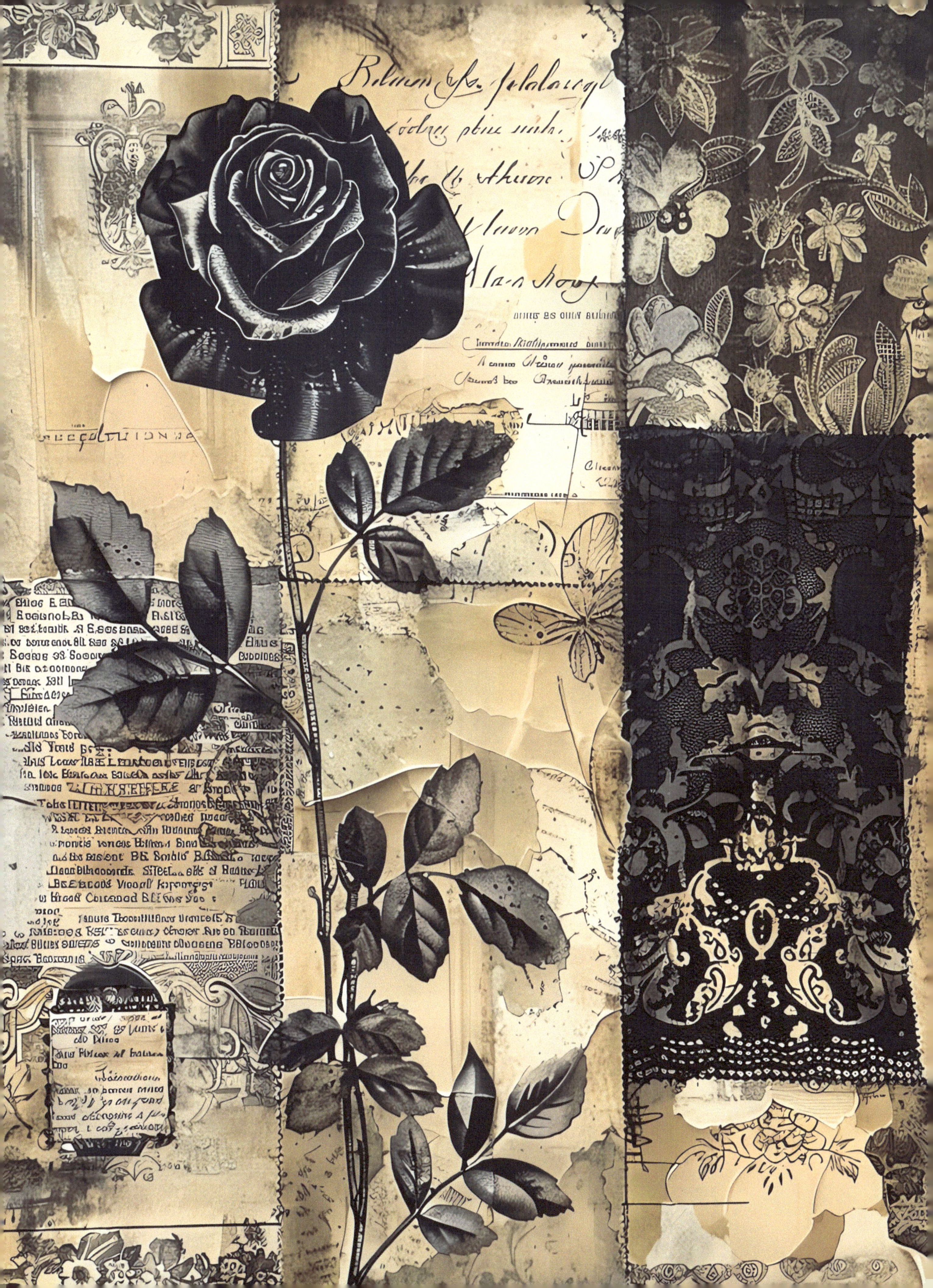

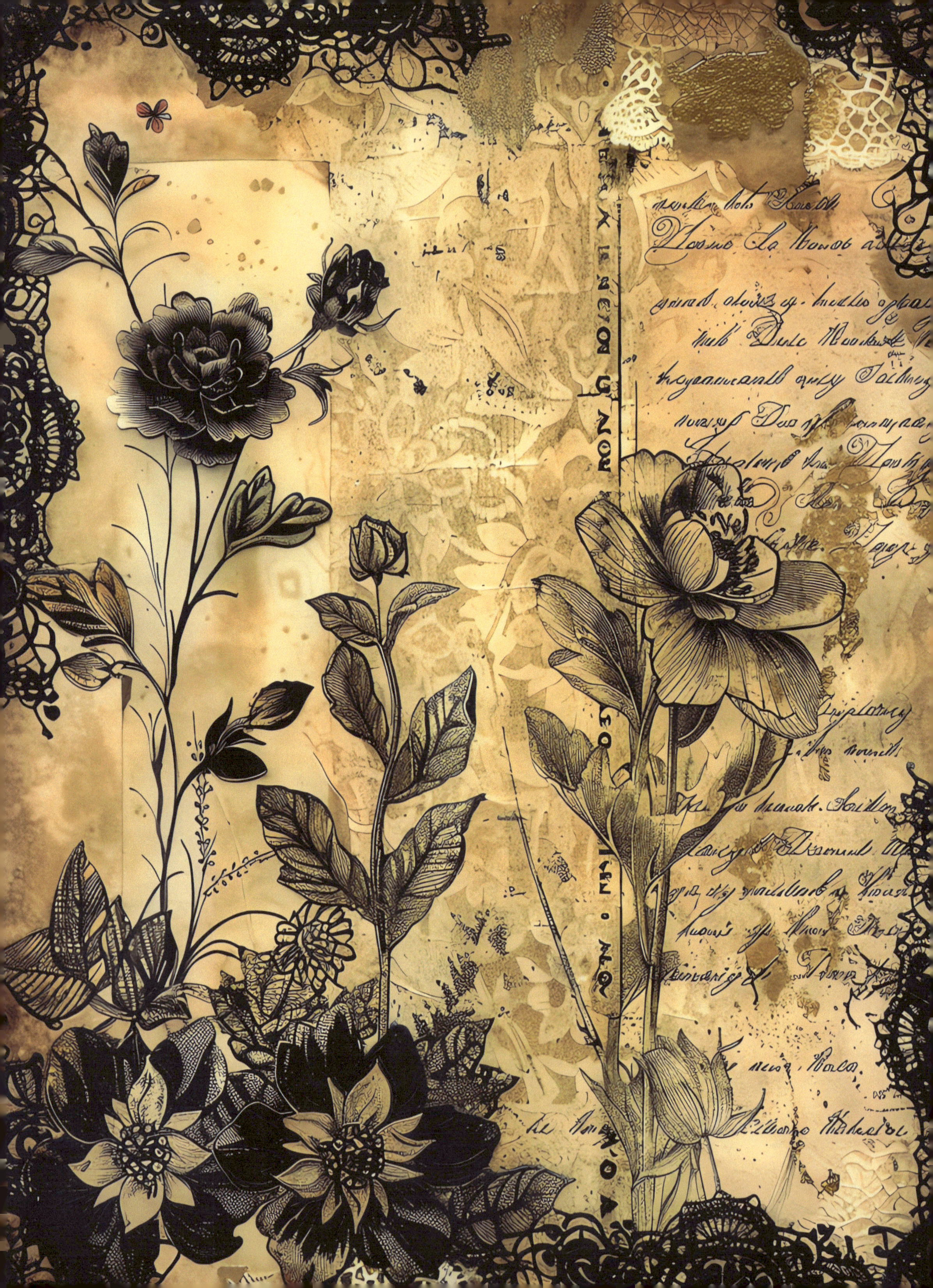

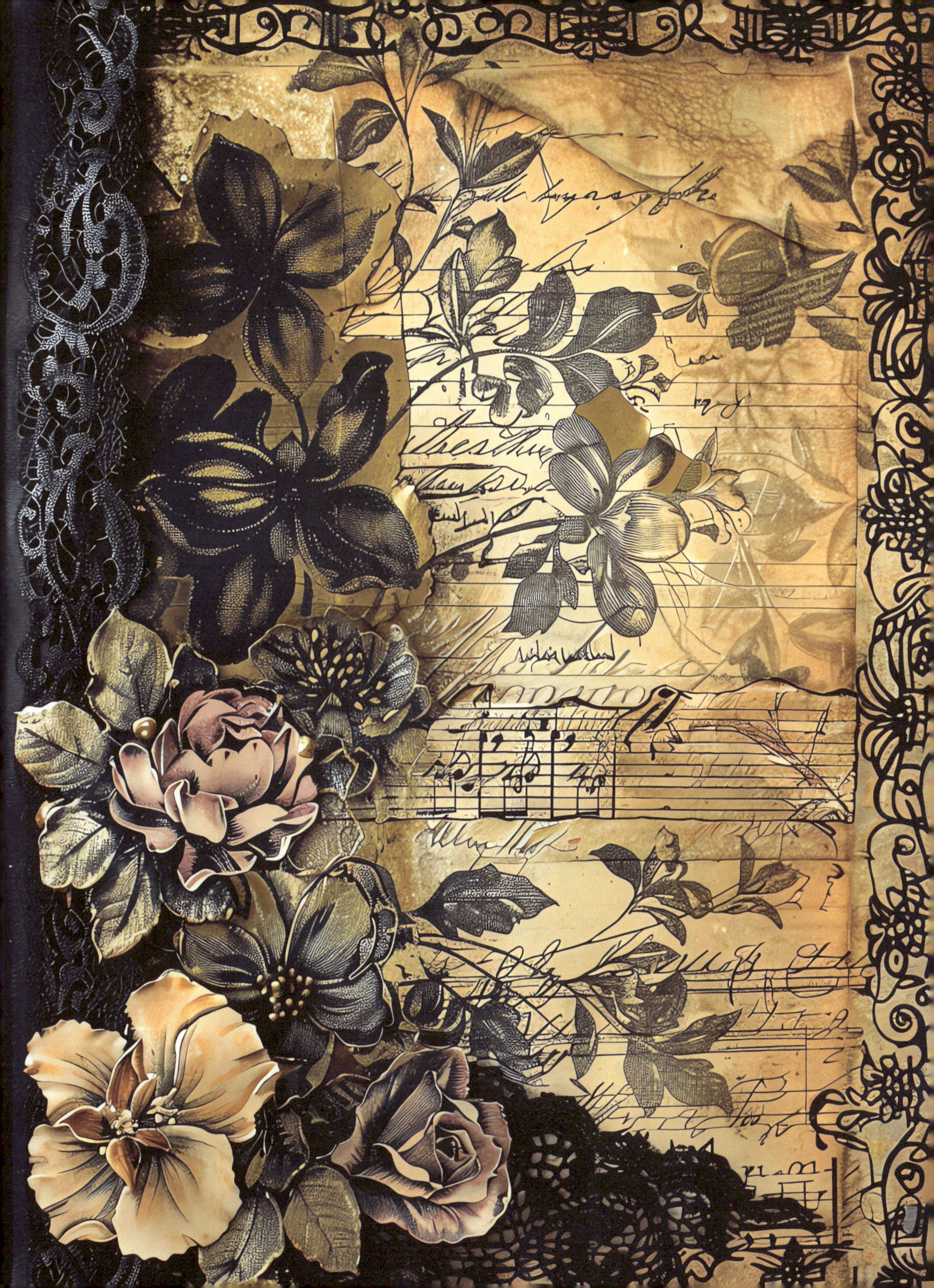

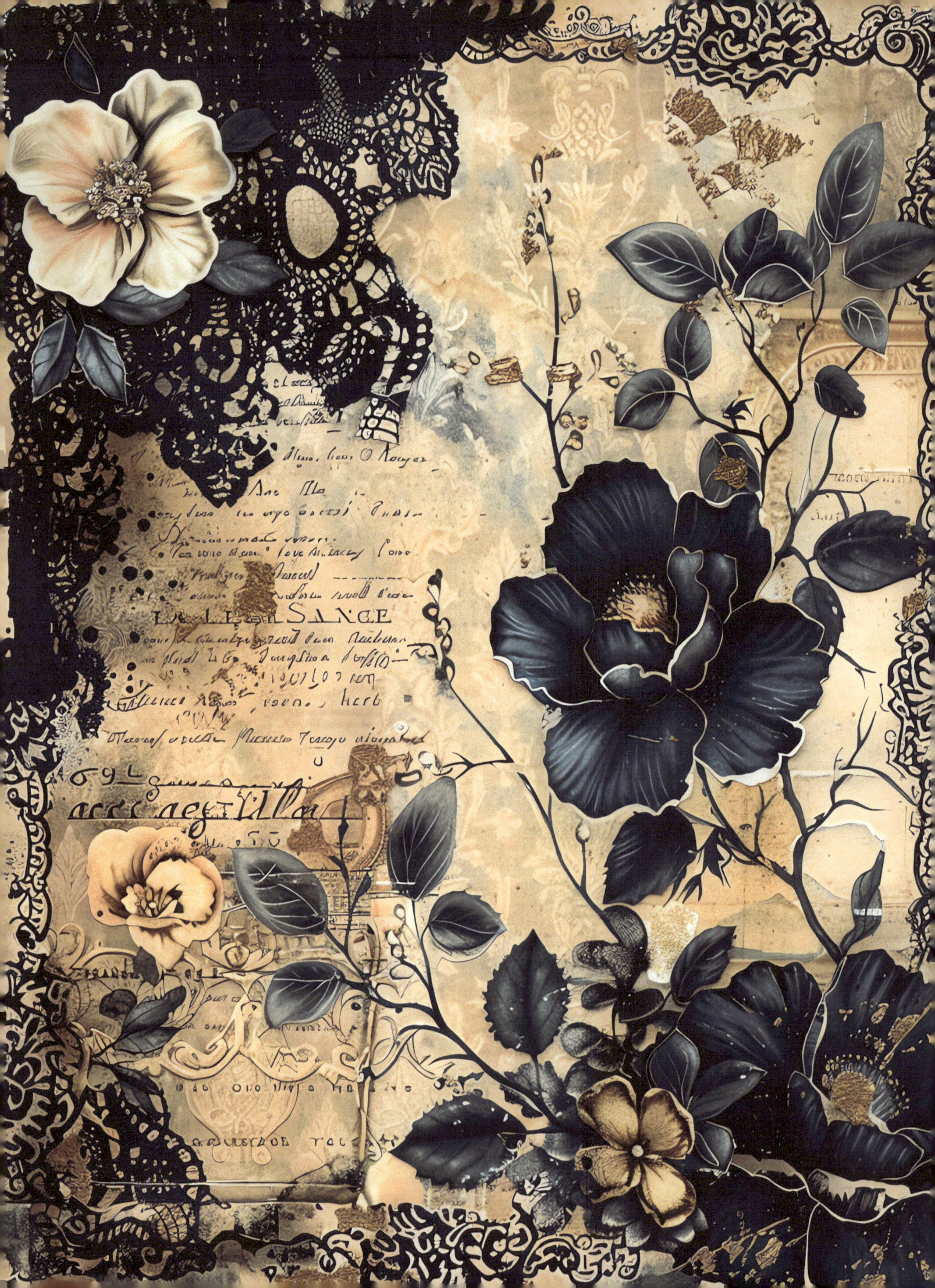

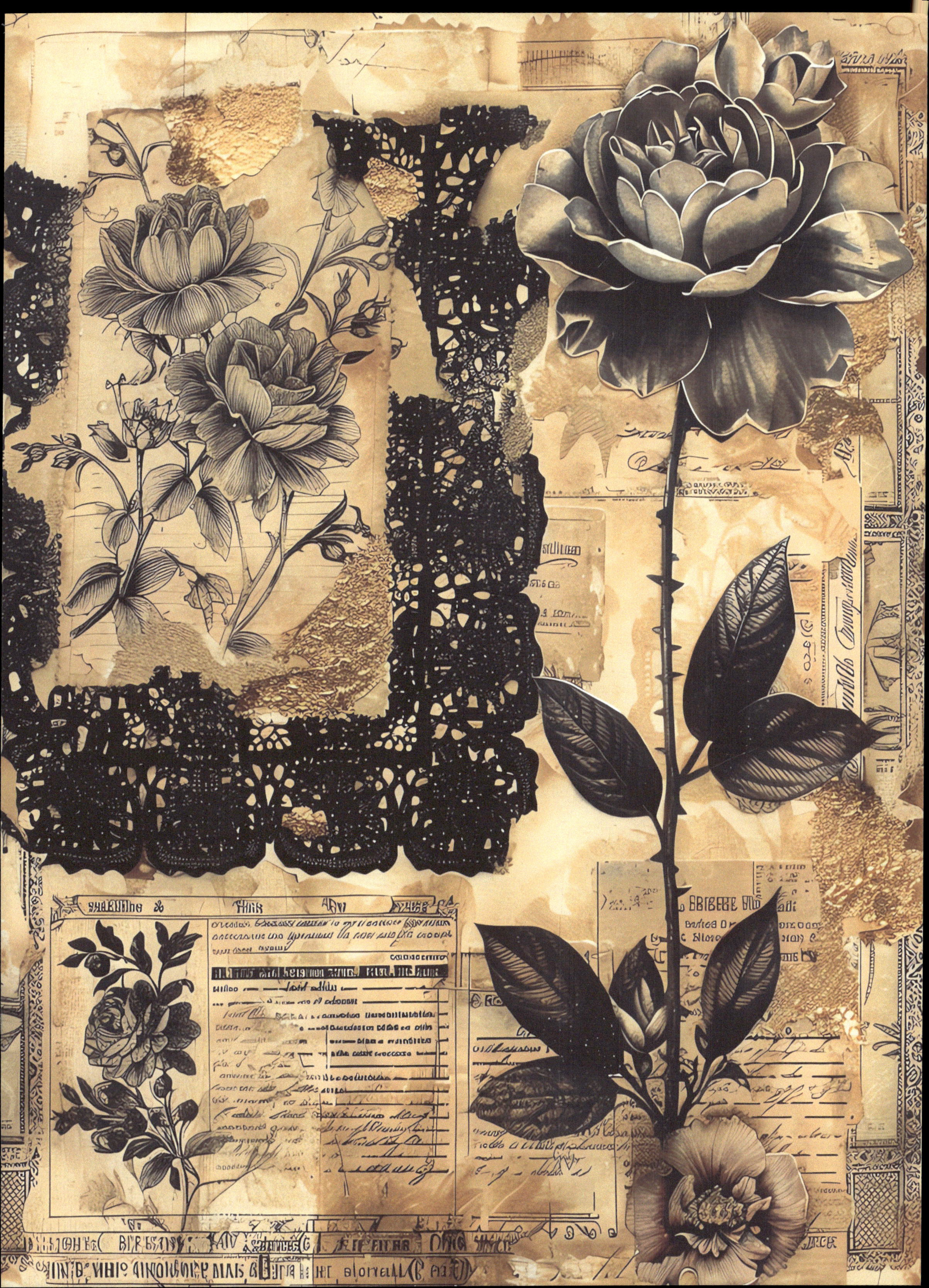

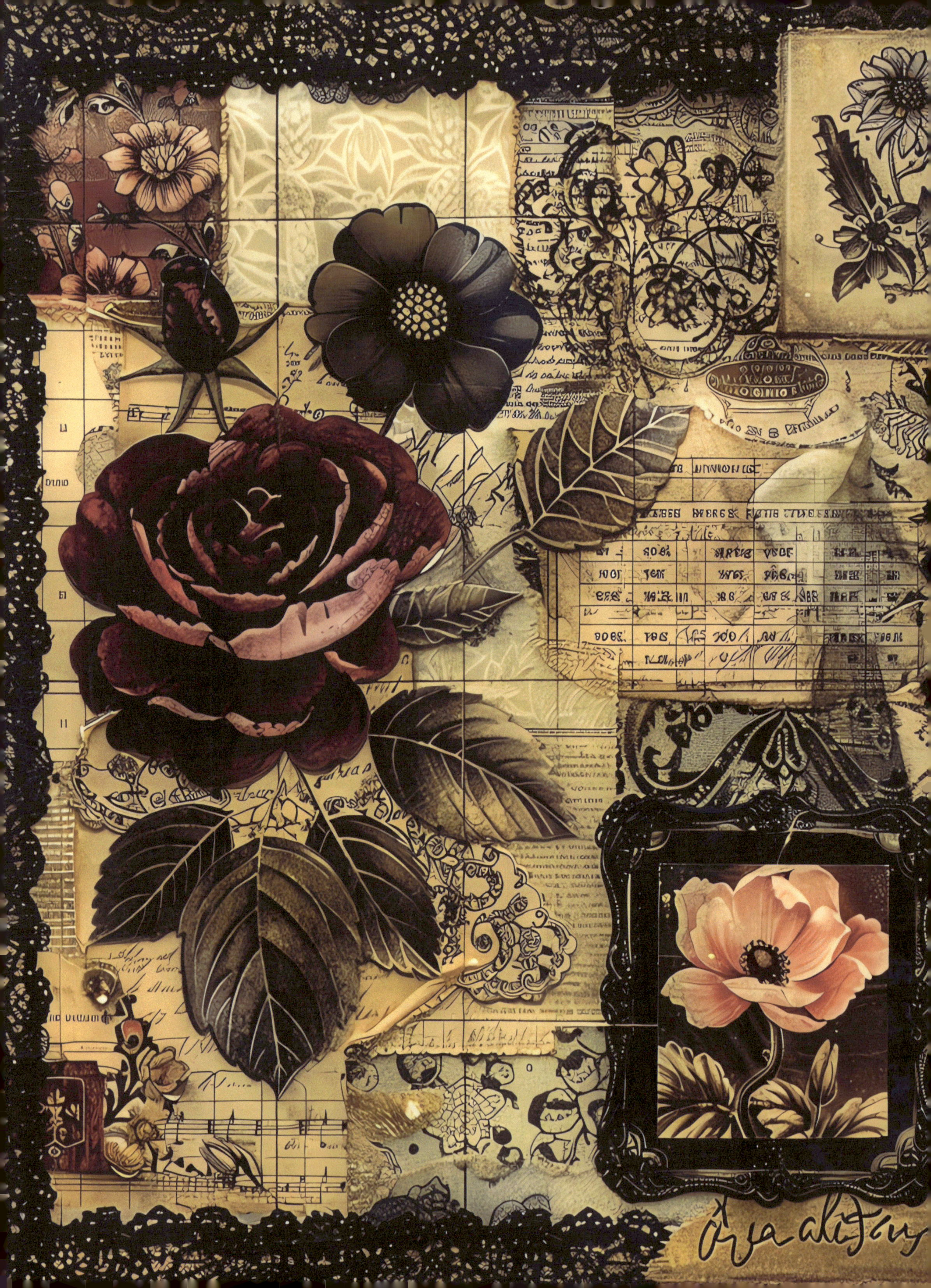

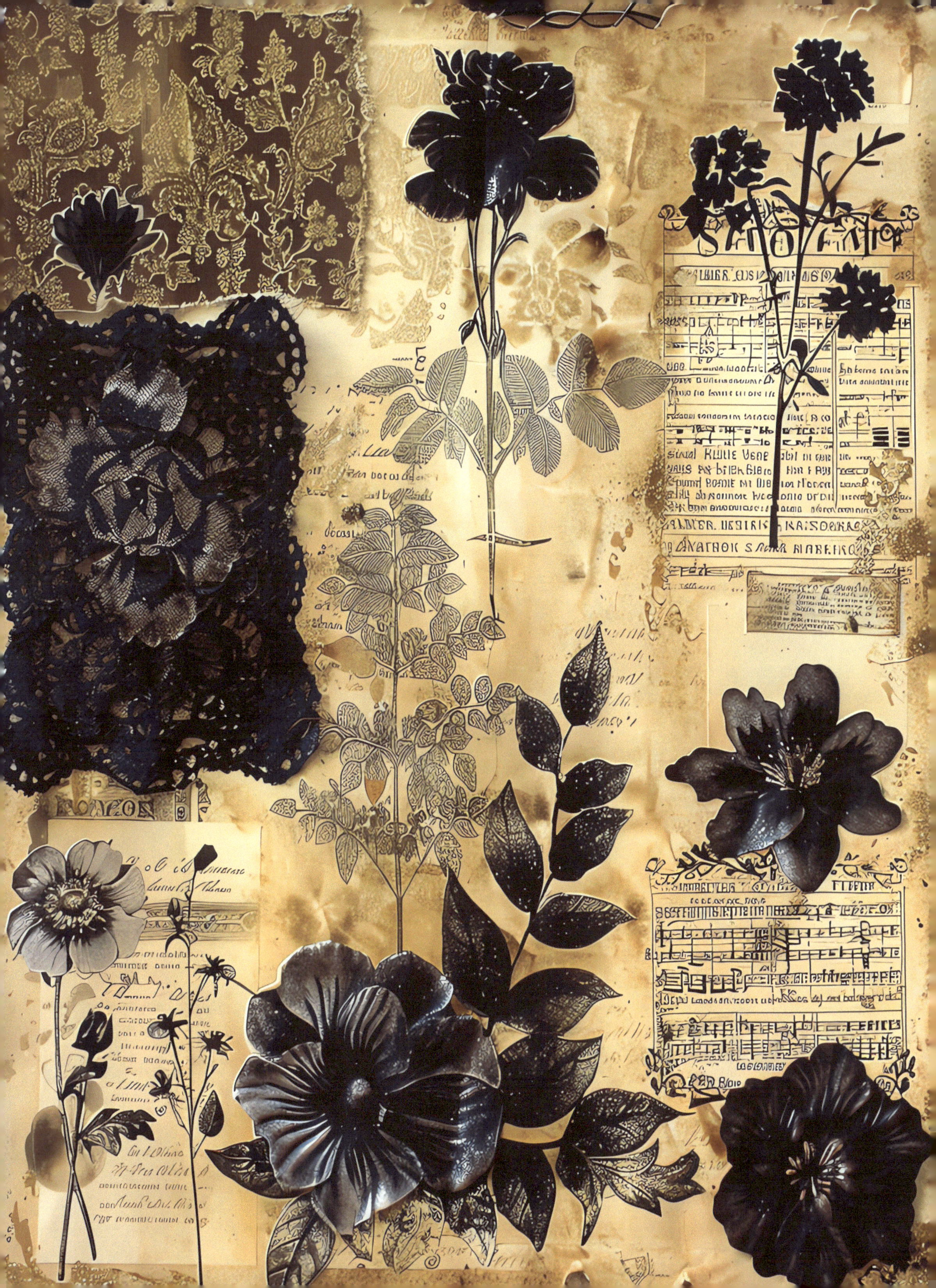

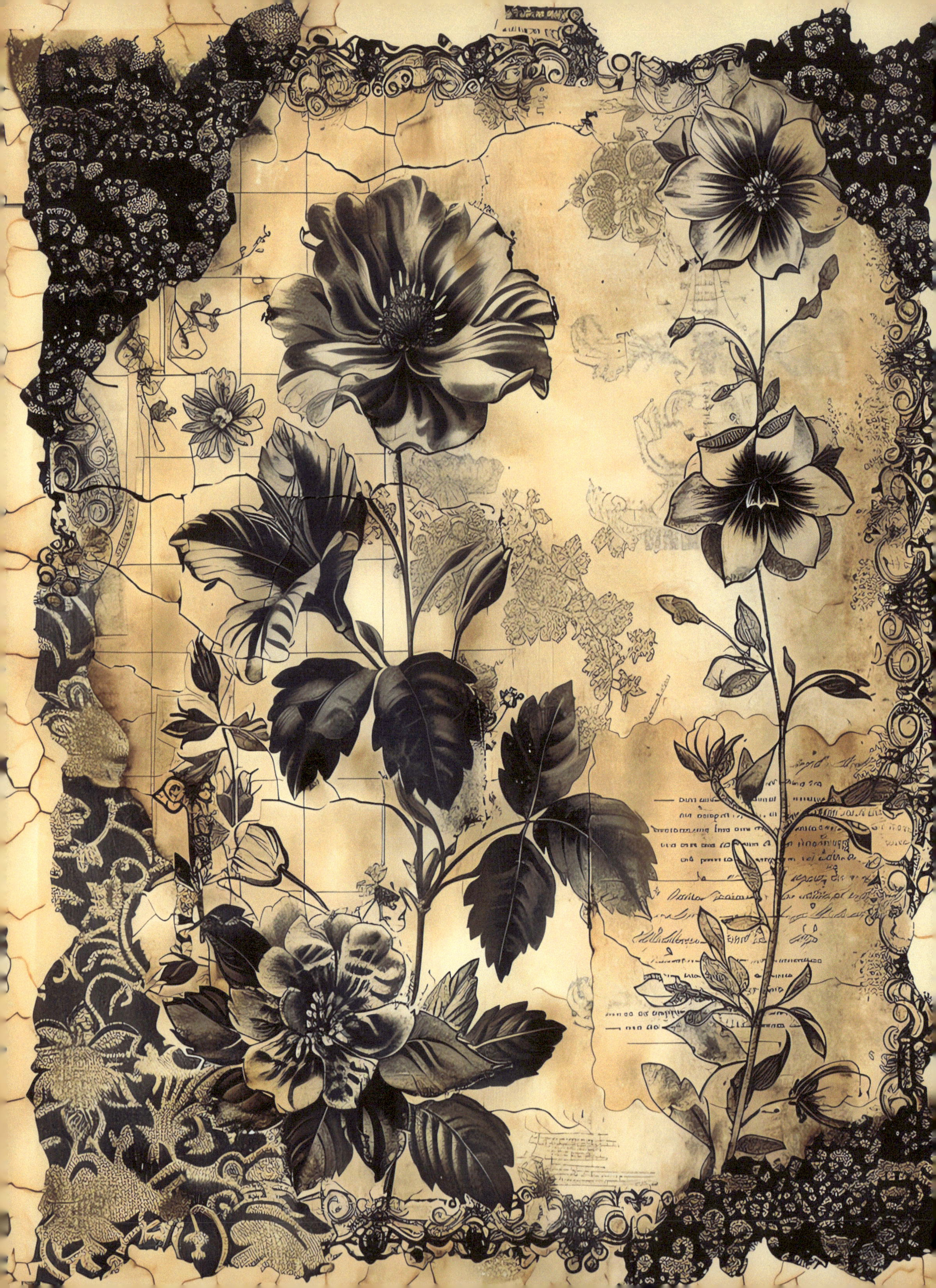

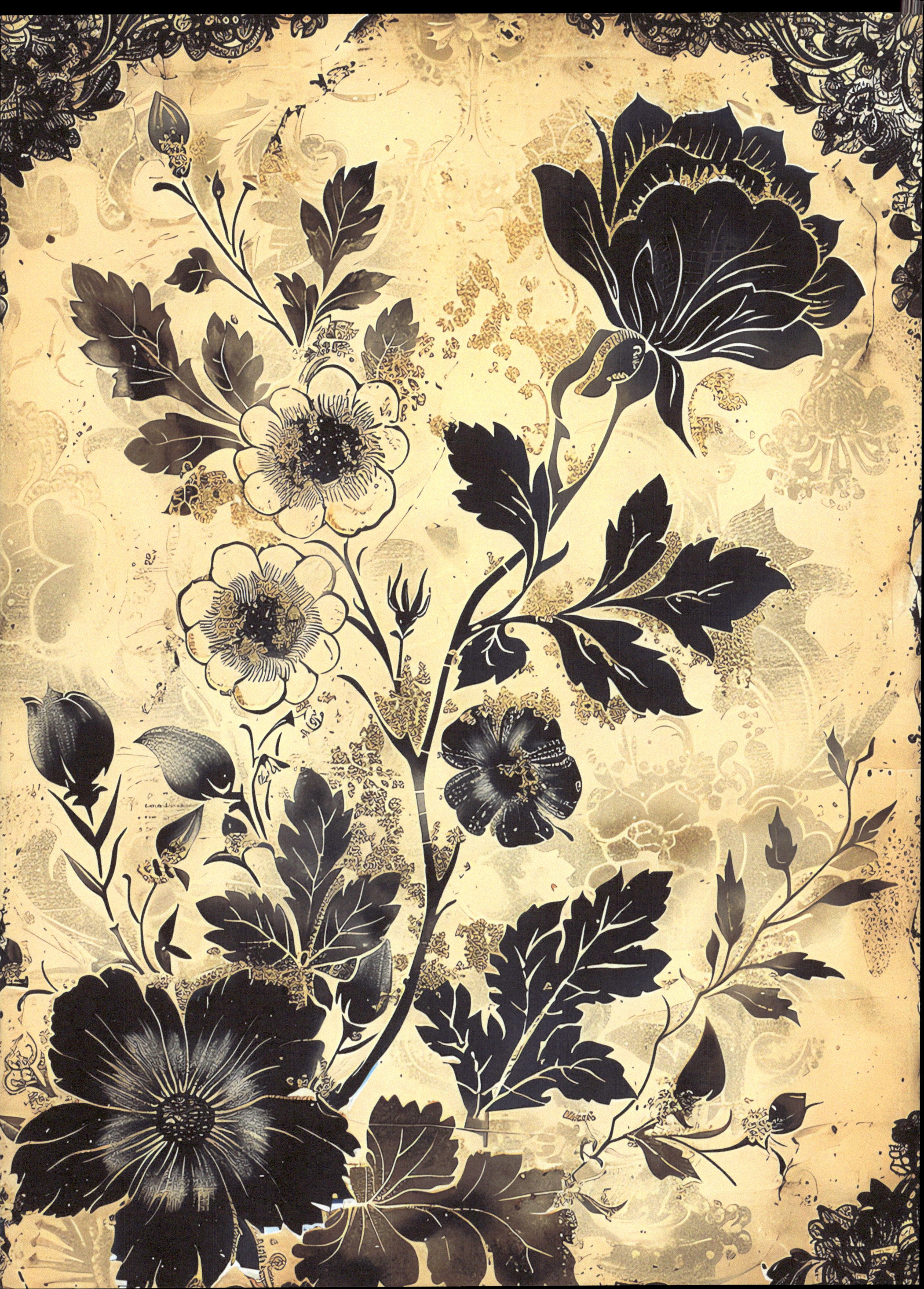

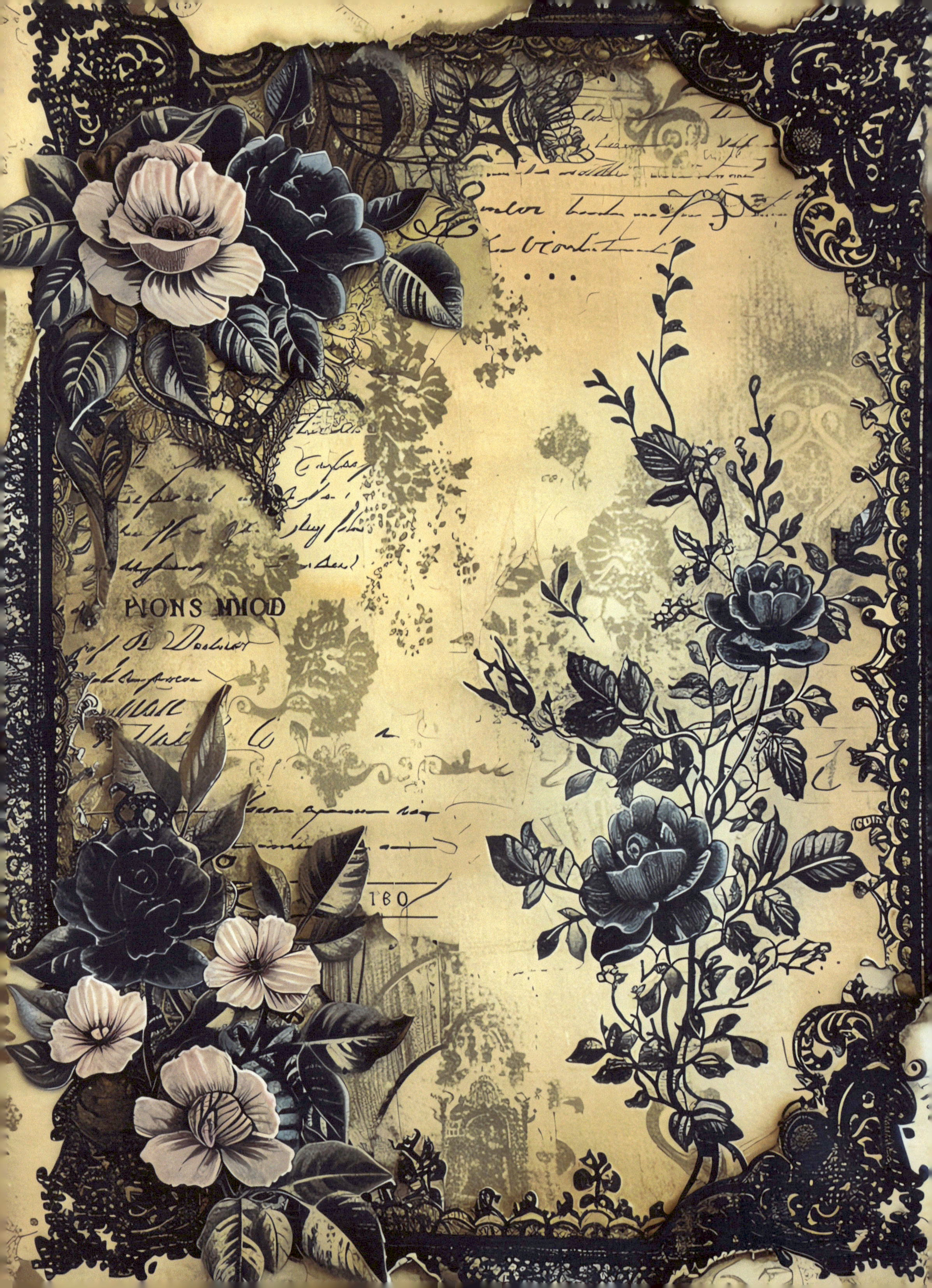
PIONS MHOD

www.ingramcontent.com/pod-product-compliance
Lightning Source LLC
Chambersburg PA
CBHW040430220526
45473CB00004B/1401
9798301232060